JESSÉ

PATOLOGIAS DA MODERNIDADE: UM DIÁLOGO ENTRE
HABERMAS E WEBER

Copyright © Jessé Souza, 2021

Direitos reservados e protegidos pela lei 9.610 de 19.02.1998.
É proibida a reprodução total ou parcial sem autorização, por escrito, da editora.

Coordenação editorial: Sálvio Nienkötter
Editora-executiva: Francieli Cunico
Estabelecimento do texto e revisão: Claudecir Rocha
Editor assistente: Daniel Osiecki
Capa: Jussara Salazar
Design editorial: Carlos Garcia Fernandes
Produção: Cristiane Nienkötter
Preparação de originais e revisão: o Autor

Dados Internacionais de Catalogação na Publicação (CIP)
Angelica Ilacqua CRB-8/7057

Souza, Jessé, 1960-
Patologias da modernidade : um diálogo entre Habermas e Weber / Jessé Souza. – 2. ed. - Curitiba : Kotter Editorial, 2021.
184 p.

ISBN 978-65-89624-21-9

1. Sociologia política 2. Filosofia moderna 3. Habermas, Jürgen, 1929- 4. Weber, Max, 1864-1920 I. Título

CDD 306.2

21-1132

Kotter Editorial Ltda.
Rua das Cerejeiras, 194
CEP: 82700-510 - Curitiba - PR
Tel. + 55(41) 3585-5161
www.kotter.com.br | contato@kotter.com.br

Feito o depósito legal
2ª Edição
2021

JESSÉ SOUZA

PATOLOGIAS DA MODERNIDADE: UM DIÁLOGO ENTRE
HABERMAS E WEBER

AGRADECIMENTOS

Gostaria de agradecer ao prof. dr. Rolf Eickelpasch de Münster, ao meu amigo fraterno dr. Berthold Oelze e ao prof. dr. Wolfgang Schluchter, de Heidelberg, pela inestimável ajuda no desenvolvimento do trabalho.

SUMÁRIO

Agradecimentos	5
INTRODUÇÃO	9

CAPÍTULO I
A RACIONALIDADE DA AÇÃO SOCIAL — 23
- A INTUIÇÃO FUNDAMENTAL — 25
- MUDANÇA DE PARADIGMA NA TEORIA DOS SIGNIFICADOS — 31
- A MUDANÇA DE PARADIGMA NA TEORIA DA AÇÃO SOCIAL — 39
- DA AÇÃO SOCIAL À ORDEM SOCIAL — 45

CAPÍTULO II
O CONCEITO DE RACIONALIZAÇÃO — 59
- O DESENVOLVIMENTO OCIDENTAL PARA MAX WEBER — 61
- O DESENVOLVIMENTO OCIDENTAL PARA JÜRGEN HABERMAS — 89

CAPÍTULO III
DIAGNÓSTICO E TERAPIA DA MODERNIDADE — 119
- O DIAGNÓSTICO HABERMASIANO DA MODERNIDADE — 123
- O DIAGNÓSTICO WEBERIANO DA MODERNIDADE — 133
- UMA CRÍTICA AO DIAGNÓSTICO HABERMASIANO DA MODERNIDADE — 155

BIBLIOGRAFIA — 179

INTRODUÇÃO

Este livro é uma versão levemente modificada e atualizada de uma tese de doutorado apresentada na Universidade de Heidelberg em 1991. O tema de um diálogo entre Habermas e Weber[1] surgiu-me a partir da possibilidade de tratar duas questões que me parecem ter validade universal. Primeiro, a tematização de um conceito de solidariedade pós-tradicional em Jürgen Habermas, no qual vejo sua grande contribuição para a reconstrução da teoria crítica da sociedade. Apesar de esse ser um desafio lançado contra toda a teoria social tradicional, o embate com Weber, o mais moderno entre os clássicos, segundo o próprio Habermas, é peculiarmente elucidativo. Sua validade universal, o que equivale dizer que é uma questão que obriga tanto um alemão quanto um chinês ou brasileiro a dialogar com ela, parece-me residir no fato de ser, talvez, a tentativa mais radical de um pensador contemporâneo em revelar os pressupostos éticos da democracia moderna, indo de encontro à tendência hoje dominante de associar a política ao mercado, reduzindo-a ao seu aspecto funcional.

A segunda questão constitui-se, para mim, na tematização de um conceito de personalidade moderna, no sentido de adequá-lo às condições da época, o que vale dizer que o dado da aporia, da contradição e do conflito lhe é constitutivo. Apesar de Habermas esboçar uma teoria da natureza subjetiva, complementar a sua teorização do mundo social, tentei mostrar como esse passo força os limites do seu referencial teórico racionalista. Ao contrário do tópico anterior, procuro mostrar como uma "reconstrução" do conceito de personalidade, muitas vezes implícito em Max Weber, pode dar conta dessa questão bem mais adequadamente. Nesse trajeto, faço uso de teóricos

---

[1] A oportunidade de ter tido Wolfgang Schluchter como orientador faz com que esse diálogo, na verdade, seja um diálogo entre três. Schluchter é um dos principais responsáveis, por suas interpretações originais e criativas, pelo renascimento do interesse sobre Max Weber nas duas últimas décadas. Por sua vez, sua relação com Habermas é de recíproca influência.

da moralidade que muito ajudaram na sistematização da teoria moral fragmentária na obra de Max Weber, ainda relativamente pouco conhecidos no Brasil, como Karl Jaspers, Dieter Henrich e Wolfgang Schluchter.

Essas duas questões apontam para a intersecção entre duas realidades conflitivamente complementares e reciprocamente relacionadas: a relação entre a esfera pública e a esfera privada no mundo moderno. Este trabalho é um esforço de esclarecimento dessa problemática.

Nos dois pensadores que me serviram de estímulo, o processo de modernização capitalista ocidental leva a uma degradada conformação desses dois termos, o que nos permite falar de patologias da modernidade como nosso tema: patologias da sociedade e do homem modernos.

Na discussão feita por Habermas no *Der philosophische Diskurs der Moderne (O discurso filosófico da modernidade),*[2] sobre Hegel como primeiro filósofo da modernidade, encontramos dois pontos de partida importantes para nossos interesses: por um lado, temos uma ideia da inspiração última da obra habermasiana, que me parece estar consubstanciada numa retomada das preocupações do jovem Hegel, acerca das condições de possibilidade de uma comunidade ética no mundo moderno sem, desta vez, todavia, apelar para vínculos de solidariedade passadistas; e, por outro lado, temos as palavras-chave que irão guiar a empresa habermasiana nesse desiderato: subjetividade, racionalidade e solidariedade pós-tradicional. Na união desses três conceitos, de uma forma adequada ao mundo moderno, teria fracassado não só Hegel, o primeiro a pôr a questão, mas toda a teoria social crítica até nossos dias.

Todos esses temas já são abordados na sua tese de livre-docência de 1962 *Strukturwandel der Öffentlichkeit (A mudança estrutural*

---

[2] HABERMAS, Jürgen. 1986c.

da esfera pública).[3] Aqui é a subjetividade burguesa que, ao tornar reflexiva suas próprias experiências privadas, engendra uma esfera pública literária, a qual, a partir das trocas de experiências acerca da nova privacidade, possibilita uma autocompreensão dos sujeitos e uma tematização dos dramas da vida interior – vide drama burguês e o romance psicológico – que se originam na esfera interna da pequena família.

É essa subjetividade libertada das amarras da tradição que irá formar o fundamento da esfera política que Habermas vê nascer a partir de 1750 na Inglaterra, França e Alemanha. Aqui tematizam-se não os fundamentos da vida privada, mas os fundamentos da vida em comum segundo um novo patamar de racionalidade. Não mais simplesmente a violência ou o recurso à tradição são decisivos para a legitimação da ação política. As pessoas privadas reunidas num público apresentam-se como uma esfera regulada pela autoridade, mas dirigida fundamentalmente *contra* ela, na medida em que o princípio de controle que o público burguês contrapõe à dominação tradicional pretende modificar a dominação enquanto tal. O público literariamente cultivado implica uma igualdade das pessoas cultas, com opinião, igualdade essa indispensável para a legitimação do processo básico da esfera pública: a discussão baseada em *argumentos*. Pelo lado do público, isso significa o reconhecimento de uma força interna à comunicação, exigindo a desconsideração de fatores sociais externos como privilégios, situação econômica etc. Pelo lado do Estado, esse fato leva à *necessidade de justificação* da ação política, segundo os mesmos princípios.

Essa esfera pública de conteúdo não-estatal nasce com a mudança de função da imprensa, desde uma função meramente informativa (e manipulativa) do que interessava ao Estado tomar público, em favor de uma concepção de instrumento de um fórum apartado do Estado, o qual, com base em um "público que

---

[3] HABERMAS, Jürgen. 1975.

julga", permite a formação de uma opinião pública crítica que introduz, pela primeira vez, a questão da legitimação discursiva do Estado. O que é público, do bem comum, precisa, agora, provar-se enquanto tal. Burocratas, profissionais liberais, pastores, professores etc., o "público que lê", formam a base dessa nova esfera. O fundamento da orientação normativa comum, essa solidariedade de novo tipo, é a crítica da tradição.

Habermas vê a esfera pública burguesa destruir-se a partir do século XIX até nossos dias sob a pressão de basicamente três fatores: o aumento da intervenção estatal no universo familiar, comprometendo sua autonomia; a transformação da imprensa em grande indústria; e a formação da indústria cultural, conceito esse que aceita, ao contrário do que irá acontecer mais tarde, ainda acriticamente tal como foi originalmente formulado por Adorno. Esses movimentos, os quais antecipam o diagnóstico das patologias da modernidade feito na "teoria da ação comunicativa", quase vinte anos mais tarde, sinalizam a colonização deletéria dos princípios organizativos do Estado e da economia sobre o mundo da cultura e da sociedade não-institucionalizada. A saída proposta por Habermas ainda é, a essa altura, compatível com o marxismo tradicional: a democratização dos aparelhos institucionais.

Todas as questões que irão preocupar Habermas ao longo da sua vida já estão postas nesse texto: como pensar uma alternativa para esta sociedade tecnificada e monetarizada que reprime e reduz o espaço da consciência autônoma? O espaço da liberdade em sentido enfático, ou seja, a escolha segundo normas reflexivas internalizadas nos sujeitos, está ameaçado por instituições que se autonomizaram e, por meio de estímulos externos à consciência, de forma heterônoma, portanto, direcionam e orientam os comportamentos neste tipo de sociedade.

Esse projeto, que é o projeto de toda a teoria crítica radical desde Karl Marx, precisamente, a questão de como pensar liberdade e justiça em sentido enfático nas condições capitalistas, adquire um traço pessoal habermasiano a partir de uma intuição fundamental pensada tanto contra Karl Marx, quanto contra o neomarxismo da Escola de Frankfurt. Contra Marx, desconfia Habermas, assim como toda a escola de Frankfurt que o antecedeu, do otimismo marxista quanto ao poder libertador da ciência e da técnica. A filosofia da história implícita ao marxismo era a de que o progresso técnico e a afluência material daí resultante tomariam supérflua a dominação e a violência nas relações sociais. Sob o impacto do diagnóstico weberiano da época, que via a razão instrumental embutida na ciência e na técnica dominar todas as esferas da vida social, expulsando os conteúdos de significado e sentido e relegando os dilemas prático-morais a questões técnicas, passa a ser um aspecto essencial da teoria crítica pós-marxista, precisamente a distinção entre emancipação política e progresso técnico. A emancipação política deixa de ser uma consequência das contradições do capitalismo. Agora, a liberdade política tem que ser conquistada *contra* as tendências do desenvolvimento capitalista. O problema é que, de certo modo, a Escola de Frankfurt repete o mesmo reducionismo marxista "ao contrário", fazendo com que emancipação deixe de ser um projeto histórico e se transforme em escatologia.[4]

O mérito de Habermas está consubstanciado na tentativa de superação do paradigma da razão instrumental, seja na sua avaliação positiva em Karl Marx, seja na sua avaliação negativa em Weber e nos frankfurtianos, na medida em que o mundo moderno não é visto apenas como um produto de uma perversa "dialética do Iluminismo" sendo presa de uma razão instrumental tomada totalitária. Contra Marx temos a afirmação do conteúdo universalista das conquistas da moral burguesa, as quais não são meramente ideológicas. Contra Weber temos a

---

[4] WELLMER, Albrecht. 1977.

proposição de uma racionalidade moral, irredutível à racionalidade instrumental-formal como especificamente moderna, e, finalmente, contra os frankfurtianos, que os fundamentos normativos da crítica científica estão inscritos no próprio objeto de análise, assumindo, portanto, a forma de uma crítica imanente.

Essa intuição fundamental habermasiana de uma ambiguidade constitutiva no processo de modernização ocidental é formulada, pela primeira vez, no *Technik und Wissenschaft als Ideologie* (*Técnica e ciência como ideologia*). Nesse texto, Habermas propõe um conceito dual de sociedade de modo a explicitar o conceito de técnica e ciência, simultaneamente, no contexto do capitalismo tardio como força produtiva e como legitimação ideológica, dando sentido ao conceito de "consciência tecnocrática", ou seja, a consciência que não percebe a diferença entre normas internalizadas e apelos externos empíricos, ou, em outras palavras, não registra a distinção entre questões prático-morais e técnicas. Esta dualidade é percebida por Habermas através dos conceitos de trabalho e interação, referindo-se o primeiro tanto à ação instrumental quanto à escolha racional, enquanto o segundo diz respeito a normas aceitas intersubjetivamente e mediadas simbolicamente.

Temos aqui neste texto de 1968, como novidade marcante em relação à "mudança estrutural" de 1962, a tentativa de nomear o destruído na unilateral modernização ocidental, resultado conseguido, precisamente, pela separação entre duas dinâmicas: a do mundo normativo, possuidor de uma racionalidade própria irredutível à lógica instrumental, e a do mundo racionalizado segundo padrões formais, para usar a terminologia weberiana.

Esse sucesso é ainda parcial e poderíamos alinhar pelo menos duas boas razões para críticas: o conceito de interação é meramente descritivo e, por outro lado, Habermas parte de uma distinção no nível da teoria da ação diretamente para o nível societário, criando a ilusão de setores estanques em que apenas um tipo de ação social seria possível nos respectivos subsistemas. Para uma melhor fundamentação da tese formulada no *Técnica e ciência*, empreende Habermas no decorrer da década de 70 três passos fundamentais para a constituição da sua teoria da sociedade como apresentada na sua obra máxima *A teoria da ação comunicativa* de 1981. O primeiro passo é a substituição da explicação hermenêutica da experiência comunicativa pela análise (quase) transcendental das condições de possibilidade do entendimento por meio de uma teoria peculiar dos significados, que Habermas irá chamar de "pragmática universal". A pragmática universal é o estudo dos pressupostos implícitos em qualquer situação de fala ou diálogo. Um estudo da língua como processo, portanto, contrariamente à linguística que estuda a língua como estrutura. A reconstrução racional das condições universais da comunicação humana é a pedra fundamental da teoria da ação comunicativa como um todo em todas as suas derivações. O resultado das investigações de Habermas sobre esse tema foi reunido depois no livro *Vorstudien und Ergänzungen zur Theorie des kommunikativen Handelns*.

Complementar ao papel fundamental da pragmática universal, temos uma teoria da evolução social a qual confere o caráter "diacrônico" à teoria da ação comunicativa, em contraposição ao caráter "sincrônico" da pragmática universal. Nesse contexto, ganha relevo a apropriação piagetiana para a sociologia e a distinção entre *Entwicklungslogik* (lógica de desenvolvimento) e *Entwiklungsdynamik* (dinâmica de desenvolvimento). O aspecto diacrônico da ação comunicativa tem a ver com a progressiva racionalização dos três aspectos (ou reivindicações valorativas) implícitos na ação comunicativa, a saber: verdade (mundo objetivo); justiça (mundo social); e sinceridade (mundo subjetivo). O conjunto de artigos editado sob o nome de *Rekonstruktion des historischen Materialismus (Reconstrução do materialismo histórico)* é uma primeira aproximação do autor nessas questões.

O terceiro e último passo é a apropriação da teoria sistêmica, destinada a resgatar, ainda que parcialmente, o aspecto da eficiência institucional capitalista, especialmente o mecanismo de mercado e o aparelho estatal, os quais devem ser preservados para o Habermas maduro. Esse ponto, extremamente discutido inclusive pelos seguidores de Habermas, é o responsável pela mudança de atitude quanto à estratégia adequada nas sociedades do capitalismo tardio, relativamente à ação política reformadora. A atitude agressiva do início da obra é substituída por uma postura defensiva em relação ao Estado e mercado.

Esses três passos devem fundamentar melhor a mesma tese já defendida em *técnica e ciência como ideologia,* ou seja, trata-se de uma mudança de estratégias e não de teses. A tese que se mantém é a crítica ao crescimento unilateral da razão instrumental (razão funcionalista para ó Habermas da *Teoria da ação comunicativa)* às custas do momento prático-normativo.

A tese da existência de uma racionalidade comunicativa é a base do projeto habermasiano e aponta para uma competência potencial passível de tornar-se efetiva nas sociedades modernas. O grau em que essa racionalidade pode tornar-se real é uma questão empírica e reflete o jogo das forças políticas em ação, sendo, portanto, um jogo em aberto. Ao contrário dos frankfurtianos que não conseguiram reconstruir um conceito enfático de razão no mundo desencantado, Habermas fundamenta a razão comunicativa como específica ao mundo moderno e desencantado. A racionalidade comunicativa é, neste sentido, percebida como apenas possível num contexto pós-tradicional, refletindo uma forma de lidar com reivindicações valorativas, sendo antes uma atitude do que um conteúdo.

O que fica como ganho em relação à teoria crítica anterior é precisamente a possibilidade de apreender o mundo moderno para além da razão instrumental percebida como totalitária. É exatamente este pressuposto da teoria crítica anterior, tanto em Weber quanto nos frankfurtianos, que impede de pensar-se em formas pós-tradicionais de solidariedade social. Dentro do ponto de partida da teoria social anterior como um todo, é a solidariedade que passa a ser impossível de fundamentação racional. É apenas a partir da possibilidade de pensar-se a solidariedade social a partir de um interesse comum racionalmente obtido, a presença do interesse geral no particular como diria Horkheimer, que se permite nomear as perdas e o que é destruído na nova modernidade, assim como dar conta da possibilidade mesma da sua crítica.

Na fundamentação do seu ponto de partida comunicativo utiliza-se Habermas de Max Weber como "interlocutor privilegiado", na medida em que ele – bem no sentido da antiga Escola de Frankfurt – interpreta Weber como teórico da racionalidade instrumental por excelência, a qual representa o paradigma de racionalidade que Habermas pretende – parcialmente – criticar. A leitura habermasiana de Max Weber fascina e provoca ao mesmo tempo. Weber é estilizado como o pensador da "tragédia da cultura" por excelência, o que na realidade ele também é, de modo que sua interpretação da gênese e do desenvolvimento da modernidade ocidental parece desembocar nas teses complementares da perda do sentido e perda da liberdade.

Minha argumentação ao longo deste trabalho procura refutar essa leitura unilateral. Essa refutação não pretende ser um fim em si, até porque um autor não deve ser julgado pela sua leitura de outros autores, mas pelo valor intrínseco do seu trabalho. Neste caso particular, entretanto, pretendo demonstrar, suposição essa, que guiou meu interesse de pesquisa, que uma reconstrução adequada da ambivalência do diagnóstico da modernidade ocidental para Max Weber, não apenas como tragédia da cultura mas também como chance, conferirá elementos importantes para uma crítica do próprio projeto habermasiano de modo a, sem pretender negar a validade de suas contribuições, discutir e criticar seus limites e dificuldades. A comparação entre os dois autores parece-me especialmente significativa na medida em que Max Weber parece-me ter-se convertido, especial mente com a crescente preocupação habermasiana a partir dos anos 70 com a problemática da racionalização societária, no "interlocutor privilegiado" de Habermas. Sem que se possa omitir as diferenças fundamentais acarretadas tanto pelas situações históricas nas quais se circunscreviam e se circunscrevem as respectivas contribuições, assim como pelas distintas pressuposições teóricas que animam as obras dos autores em discussão, partem os dois autores das mesmas questões com objetivos muito semelhantes. Acima de tudo, as opções teóricas respectivas servem à percepção do mesmo objeto: a determinação da especificidade do desenvolvimento cultural do Ocidente. Nesse contexto devem ser analisadas as reformulações propostas por todos eles para a questão da racionalidade da ação social e da consequente tematização da racionalização societária.

O vínculo orgânico entre racionalidade da ação social, racionalização societária e diagnóstico da modernidade ocidental é enfatizado pelo próprio Habermas com toda desejável clareza, por exemplo, como nesta passagem:

> *A mim interessam as razões imanentes que levaram Weber a não desenvolver todo o potencial da sua teoria da racionalização. Apenas quando os erros, que suponho estarem localizados na construção mesma da sua teoria, forem esclarecidos, pode-se reconstruir o conteúdo sistemático do diagnóstico weberiano da época de tal modo que poderemos, então, aproveitar todo o potencial de estímulo da teoria weberiana para os objetivos da nossa própria análise do presente.*

Desse modo, Habermas leva a cabo uma crítica a Weber nesses três aspectos internamente vinculados, objetivando afirmar sua própria versão. As duas "considerações intermediárias" *(Zwischenbetrachtungen)* e a consideração final *(Schlussbetrachtung)*, que formam o núcleo verdadeiramente temático e original dos dois volumes da *Teoria da ação comunicativa* reproduzem, precisamente, o ponto de vista "comunicativo" nessas três questões essenciais.

Assim sendo, reproduzi, na minha comparação entre os dois autores, uma linha de exposição que aborda por capítulos cada uma dessas questões principais. No primeiro capítulo a discussão sobre a racionalidade da ação social é feita sob a perspectiva interna da crítica habermasiana à teoria da ação social em Max Weber, de modo a realçar a novidade da, por Habermas sugerida, "mudança de paradigma" nas ciências sociais. Nos capítulos seguintes adoto uma estratégia distinta e prefiro um tratamento paralelo dos dois autores de modo a realçar o que me parece ser uma leitura parcial de Weber por Habermas. Assim, no segundo capítulo, o qual está dividido em duas partes, procuro o objetivo duplo de: 1) no espaço dedicado a Weber, reconstruir sua interpretação da racionalização ocidental de modo a possibilitar a crítica da leitura unilateral habermasiana, enfatizando o potencial moral-evolutivo da sociologia religiosa weberiana; e 2) no espaço dedicado a Habermas, pretendo explicitar o que julgo ser a crítica "positiva" de Habermas a Weber a partir da consideração do potencial emancipatório da formação discursiva da vontade como atributo da concepção moderna de mundo ocidental. Com isto logra Habermas a solução até agora mais promissora do problema central da teoria crítica da sociedade até aqui: a vinculação entre crítica social e ciência empírica.

Finalmente, no terceiro e último capítulo temos a discussão das respectivas contribuições para a nossa autocompreensão da modernidade, ou seja, o que cada uma das perspectivas permite esclarecer e, principalmente, o que fica obscurecido como o preço (inevitável?) do interesse particular que guia as escolhas teóricas em discussão.

Neste contexto, tento deixar claro para o leitor as limitações do ponto de partida unilateralmente racionalista da teoria habermasiana. Nenhuma contraposição parece ser mais profícua, nesse particular, do que com Weber. Talvez, nenhum outro autor seja tão consciente do caráter aporético, contraditório e conflitivo do homem e da sociedade moderna. Procuro dar conta desse estado de coisas nos capítulos críticos em relação a Habermas e na reconstrução positiva do conceito de personalidade moderna em Max Weber.

Jessé Souza, Brasília, 1997

CAPÍTULO I
A RACIONALIDADE DA AÇÃO SOCIAL

A INTUIÇÃO FUNDAMENTAL

A intuição central, que constitui o fio condutor da teoria habermasiana e lhe confere singularidade e originalidade, é a de que a atualização da língua na situação do diálogo ou da fala em geral pressupõe uma racionalidade procedimental que abrange todos os momentos da razão no sentido kantiano: o momento cognitivo-teórico, o prático-moral e o estético-expressivo.

Ao encontrar o lugar da razão numa "comunidade linguística" e não mais incorporado no sujeito do idealismo transcendental kantiano, segue Habermas a sugestão de K. O. Apel de uma transformação da filosofia: a comunidade linguística deve ocupar o lugar do sujeito isolado. O paradigma intersubjetivo deve substituir o paradigma da filosofia da consciência.[5] Para seus defensores, essa mudança de paradigma deve marcar a história da filosofia de forma tão profunda quanto a própria instauração da filosofia da consciência por Descartes e Kant à sua época.

Habermas, no entanto, radicaliza o ponto de vista de Apel de maneira decisiva ao abandonar o nível linguístico-filosófico em benefício de uma perspectiva aberta ao exame empírico. Desta forma, Habermas esclarece as razões que tornam a sociologia, em substituição à filosofia — a qual sempre tratou a questão de um ponto de vista fundamentalista ou transcendental a ciência mais indicada para a investigação da racionalidade e do

---

[5] GRIPP, Helga. 1984. p. 123.

processo de racionalização. O acesso privilegiado da sociologia a essa temática explica-se pelo fato de ter como objeto a sociedade como um todo, ao contrário da economia ou da política, por exemplo.

Apesar de compartilhar essa particularidade com a antropologia cultural, a sociologia deteria uma especificidade decisiva em relação a essa última: a sociologia nasce historicamente como uma teoria da sociedade burguesa e, assim sendo, foi confrontada de saída com a questão da passagem das sociedades pré-capitalistas ao capitalismo e, consequentemente, com a distinção entre elas.[6]

Habermas aponta três níveis nos quais se observaria claramente o papel central da questão da racionalidade para a sociologia: a) o primeiro nível é o metateórico, no qual desponta o tema da eleição de categorias que procuram demonstrar o aumento do cociente de racionalização na vida moderna. Todos os grandes teóricos da sociologia teriam partido do par conceitual comunidade/sociedade, que denota uma perspectiva evolutiva, na construção das categorias; b) sob o aspecto metodológico, temos igualmente o privilégio da ação mais racional para a compreensão dos outros tipos dc ação social (notavelmente no caso de Weber); e c) finalmente, as duas questões anteriores deixam-se acoplar ao elemento empírico, que deve examinar sob quais aspectos a racionalização de uma sociedade efetiva-se.[7]

No entanto, antes de chegarmos às questões da racionalidade da ação e da racionalização da sociedade típicas da sociologia, faz-se necessário examinar uma ciência peculiar que se afasta do método empírico por um lado, assim como do método transcendental por outro. Essa ciência, que Habermas chama de "reconstrutiva", chama-se "pragmática universal" (*Universalpragmatik*). O objetivo da pragmática universal é explicitar e reconstruir as

---

[6] HABERMAS. Jürgen. 1987, I, p. 21.

[7] *Idem*, p. 22.

condições universais do sistema de regras que geram a possibilidade de um diálogo.[8]

Habermas parte da distinção entre língua e fala (ou diálogo) para diferenciar os níveis de análise da linguística que se ocupa, como teoria da capacidade linguística nos termos de Chomsky, da reconstrução do sistema de regras das quais um emissor competente faz uso para a construção de frases. Nesse sentido, as frases (*Sätze*) são os elementos fundamentais do objeto de estudo da linguística. A linguística ocupa-se, como ciência forma), da língua em oposição à fala, ou seja, ocupa-se da língua como estrutura e não como processo. Para Habermas, e isso é fundamental para o conceito de pragmática universal, também a fala ou o diálogo, o elemento processual portanto, e passível de uma análise formal e não apenas empírica. De modo análogo à linguística chomskyana, portanto, procura Habermas uma análise formal também das expressões (*Äusserungen*).[9]

As expressões são frases "em situação", ou seja, unidades pragmáticas da fala ou do diálogo. Esse aspecto pragmático das expressões motivou J. L. Austin a denominar essas unidades elementares do diálogo de "atos linguísticos" (*Sprechakte*).

Com um ato linguístico eu não apenas digo ou comunico alguma coisa mas também "atuo", ou seja, efetuo uma ação. No exemplo: eu prometo a você que voltarei amanhã, eu não apenas "comunico" uma promessa, mas "prometo" de fato algo.[10]

Os atos linguísticos como unidades elementares do diálogo possuem uma estrutura dupla. Como no exemplo acima eles são formados: a) por um elemento performativo, no caso, "eu prometo a você"; e b) por um elemento proposicional, no caso, "que voltarei amanhã". O primeiro elemento, que é o elemento dominante, posto que determina a forma em que a proposição

---

[8] HABERMAS. Jürgen. 1985a, p. 102.
[9] HABERMAS. Jürgen. 1986a, p. 359.
[10] HABERMAS. Jürgen 1985a, p. 102.

é utilizada, constitui uma relação entre emissor e receptor. O segundo componente é o dependente e indica "sobre o que" emissor e receptor se comunicam. Um entendimento entre emissor e receptor só se efetiva quando os dois níveis são consumados. O primeiro nível é o da intersubjetividade no qual os atores se entendem entre si. O segundo é o nível do objeto sobre o qual os atores se entendem.

Um ponto decisivo nessa apropriação crítica das investigações de Austin por Habermas é a reformulação do sentido do componente performativo, chamado de "força ilocutiva" por Austin. Para esse autor, ao contrário de Austin, a força ilocutiva do componente performativo possui uma base *racional*. Essa base racional do componente ilocutivo reside no caráter "cognitivo", ou seja, passível de exame discursivo e racional baseado em argumentos das reivindicações valorativas (*Geltungsansprüche*) contidas no elemento ilocutivo.[11]

Para Habermas, essas reivindicações valorativas são exatamente três: a reivindicação valorativa à verdade; à justiça; e à sinceridade. Apesar destes três aspectos existirem sempre de forma universal e necessária em todo ato linguístico, pode-se inferir do componente ilocutivo qual dos três aspectos foi privilegiado pelo emissor. Se a validade dos atos linguísticos pode ser afirmada ou negada sob estes exatos três aspectos, pode então Habermas basear a partir daí sua divisão dos atos linguísticos. Cada um deles irá constituir-se segundo o aspecto privilegiado pelo emissor: a) a primeira classe de atos linguísticos, os constativos (*Konstativa*), constituem-se pela referência do emissor a algo no mundo objetivo, ou seja, pela tentativa de interpretação de um estado de coisas. A reivindicação pretendida neste caso é a da verdade; o segundo tipo de ato ou ação linguística e a regulativa (*Regulativa*). Nesse caso o emissor faz referência a algo no "mundo social" compartilhado tanto pelo emissor quanto pelo

---

[11] HABERMAS, Jürgen. 1986a, p. 433.

receptor. A reivindicação pretendida é a de justiça baseada na legitimidade de relações intersubjetivas reconhecidas comumente; o terceiro tipo de ação é a expressiva (*Expressive*), na qual o emissor faz referência ao próprio mundo subjetivo, ao qual apenas ele tem acesso privilegiado. A reivindicação pretendida nesse caso é a da sinceridade.[12]

Os atos linguísticos pressupõem três distinções fundamentais para o estabelecimento de uma comunicação: a distinção entre ser e aparência (*Sein und Schein*), que confere sentido à reivindicação da verdade; a distinção entre ser e dever ser (*Sein und Sollen*), que inspira a reivindicação à justiça; e, finalmente, a distinção da antinomia entre realidade e ilusão (*Wesen und Erscheinung*), que confere sentido à reivindicação à sinceridade.[13]

Conceitos centrais como reivindicação valorativa e entendimento foram até aqui introduzidos sem serem devidamente explicitados. Essa explicitação será levada a cabo no nosso próximo subcapítulo, em combinação com a discussão da recepção crítica por Habermas da teoria da ação linguística, a qual permite compreender o sentido da mudança em direção ao paradigma pragmático na teoria dos significados. Esta mudança baseia-se numa concepção que pleiteia uma relação interna entre significado e validade. Apenas esta relação explica a intuição habermasiana da língua como habitada pelo *telos* do entendimento. Ao mesmo tempo, essa relação enseja o aproveitamento das ações linguísticas para o estudo da ação e da interação social.

---

[12] HABERMAS, Jürgen. 1987 I, p. 435 a 439.

[13] HABERMAS. Jürgen. 1986a, p. 103. Um quarto tipo de ato linguístico seria o comunicativo (*Kommunikative*), o qual foge ao âmbito da pragmática universal, sendo objeto da linguística. A reivindicação pretendida no caso é a da compreensibilidade.

MUDANÇA DE PARADIGMA NA TEORIA DOS SIGNIFICADOS

Para Habermas a pragmática universal pode ser entendida como uma espécie de teoria dos significados ou teoria semântica,[14] ou seja, como uma teoria empenhada em responder à questão: o que significa entender uma expressão simbólica? A singularidade da resposta da pragmática universal a essa questão deixa-se investigar melhor a partir de um contraste com as outras teorias do significado concorrentes.

Habermas analisa basicamente três teorias principais:[15] a) a semântica intencional; b) a semântica formal ou da verdade; e c) a teoria da utilização do significado (*Gebrauchstheorie der Bedeutung*). A semântica intencional baseia-se nas premissas da filosofia da consciência, ou seja, parte-se do pressuposto do mundo como um conjunto de coisas e acontecimentos que se contrapõem a um sujeito pensante e empreendedor. Também a língua perde a sua característica de estrutura própria e passa a ser mais um objeto subjugado à soberania do sujeito. Nessa versão da teoria dos significados, o sentido de uma expressão esclarece-se pela *intenção do emissor* ao transmiti-la.

---

[14] HABERMAS, Jürgen. 1986a. p. 393.
[15] HABERMAS, Jürgen. 1988, p. 105-23.

A segunda versão, a semântica formal, segue uma intuição diversa. A ênfase é conferida ao que é dito, à frase, e não à intenção do emissor. A semântica formal rompe com a ideia dominante até então, que imaginava a relação língua/mundo de uma forma equivalente à relação de um nome para com um objeto. A compreensão de um enunciado, no caso de uma frase como "átomo" da língua, aponta para o exame das condições de validade do que foi *dito* (e não do que foi intencionado pelo sujeito como no caso anterior).

A terceira alternativa, a teoria da utilização do significado, descobre a partir das investigações do Wittgenstein tardio, contra a semântica formal ou da verdade por ele mesmo anteriormente representada, a ligação entre ação e expressão linguística. A função meramente descritiva da língua, fundamental para a semântica formal, perde seu lugar em favor de uma multiplicidade de formas de utilização. A língua, segundo essa nova maneira de ver, não apenas descreve algo, como também "produz" os comandos, cumprimentos, agradecimentos etc. Baseado nessa ideia irá Austin analisar as ações linguísticas descritas acima, nas quais o emissor atua e faz alguma coisa à medida que fala. Aqui a língua é vista como uma prática interativa anterior e independente da intenção individual. A resposta à questão essencial da teoria dos significados, segundo essa versão, seria que compreendemos o sentido de uma expressão à medida que logramos entender a utilização desta numa determinada comunidade linguística. Cada uma dessas três teorias é criticada por Habermas. A semântica intencional por perceber a comunicação sob o modelo da ação instrumental. A semântica da verdade, por sua vez, apesar de reconhecer a *estrutura* e dinâmica próprias à língua, ao contrário da anterior, incorre no privilégio das frases assertóricas destinadas à descrição da realidade. Em outras palavras, o problema seria que apenas em frases descritivas simples poder-se-ia aferir as condições de verdade da frase.

A terceira alternativa, a teoria da utilização dos significados, iniciada pelo Wittgenstein tardio, o assim chamado Wittgenstein II para diferenciá-lo do Wittgenstein jovem da semântica formal, apresenta já novos ganhos em direção a uma pragmática do significado, comparativamente às duas versões anteriores. Wittgenstein retira a relação entre significado e validade da língua em si para localizá-la no mundo prático e intersubjetivo das relações sociais. A crítica habermasiana a esse autor se concentra nas consequências relativistas da concepção dos "jogos linguísticos", nos quais essas interações sociais ganham sentido. Como os jogos linguísticos são autônomos entre si, cada um possui sua própria regra intransferível.

J. L. Austin segue as investigações de Wittgenstein sem, no entanto, ignorar, como aquele, o ponto de vista da semântica formal.[16] Por essa reunião das duas perspectivas logra Austin empreender os primeiros passos em direção a uma teoria da ação linguística. Austin distingue os componentes locutivos dos ilocutivos. Como vimos no subcapítulo anterior, os atos locutivos (ou componente proposicional) servem para a transmissão de um estado de coisas, ou seja, equivalem à frase assertórica da semântica da verdade. O componente ilocutivo, por sua vez, propicia o estabelecimento de uma interação entre emissor e receptor, sendo assim o elemento pragmático.

A crítica habermasiana a Austin visa à obscuridade de uma lista de reivindicações de validade para o julgamento da verdade (do componente locutivo ou proposicional) ou do sucesso (do componente ilocutivo ou performativo). Searle, um outro representante da filosofia analítica saxônica, pretendeu superar essas dificuldades apelando para uma clara reivindicação semântica da verdade. Para Habermas, essa opção não permite a discussão dos outros dois aspectos da

---

[16] *Idem*, p. 118.

tabela triádica das reivindicações valorativas. As reivindicações à justiça e a sinceridade não se deixam analisar nessa estreita moldura.

Para escapar desse reducionismo, pretende Habermas fazer uso do esquema funcional das funções da língua de K. Bühler.[17] O esquema funcional de Bühler inspira a solução das dificuldades da teoria da ação linguística, na medida em que permite a consideração simultânea dos três aspectos do processo de entendimento. Ele permite aproveitar as conquistas da teoria da utilização dos significados e superar as unilateralidades das semânticas intencional e da verdade. A teoria da ação linguística habermasiana pretende, desse modo, possibilitar uma superação sintética em um nível superior das unidimensionalidades de cada uma das teorias analisadas.

Pressuposto dessa ruptura em relação à tradição anterior é a teoria consensual da verdade, que recusa interpretar a relação entre uma proposição e a realidade como uma correspondência reflexa entre os dois níveis. Para Habermas, só a argumentação pode resvalar uma reinvindicação à verdade. Verdade é um processo discursivo tendencialmente consensual, consumado através de razões criticáveis, levado a cabo por seres racionais capazes de aceitar ou recusar um argumento de forma fundamentada.[18]

Esse potencial cognitivo do componente proposicional de toda ação linguística, ou seja, a capacidade de propiciar um convencimento baseado em argumentos, não é, para Habermas, monopólio da reivindicação valorativa da verdade. Também o outro componente da ação linguística, o componente performativo que possibilita uma interação entre emissor e receptor, seria, de forma análoga ao anterior, passível de fundamentação argumentativa. Decisivo para esse passo é o deslocamento, em

---

[17] *Idem*, p. 105.
[18] HABERMAS, Jürgen. 1986, p.109.

relação a Austin, do lugar da racionalidade da ação linguística do conteúdo proposicional em direção ao performativo. Dessa forma, destrói-se o monopólio da reivindicação valorativa da verdade e abre-se espaço para questões que não se reduzem à opção verdadeiro ou falso. Assim, não apenas a relação com o mundo objetivo mas também com o mundo social vivido e constituído intersubjetivamente, pode ser motivada e validada racionalmente pela aceitação ou rejeição do receptor de um dado oferecimento linguístico (*Sprechangebot*) do emissor. É esse o *sentido* da característica cognitiva também das reivindicações prático-morais em Habermas.

Quando o entendimento baseado em normas morais ou regras cognitivas implicitamente aceitas e reconhecidas intersubjetivamente fracassa, ou seja, quando o oferecimento linguístico do emissor é criticado pelo receptor, tem-se duas alternativas: a mudança para uma orientação estratégica que renuncie à busca do entendimento ou a passagem ao nível do *discurso*. O discurso suspende o pano de fundo de obviedades em que vivemos e problematiza os pressupostos das ações. No discurso deve ser decisiva apenas a força do melhor argumento. Os tipos de discurso são dois: o teórico, para a resolução das questões relativas à verdade das proposições, e o prático--moral, relativo à justiça das proposições.[19]

Quanto à terceira reivindicação valorativa universal, da sinceridade não é passível de um resgate discursivo baseado em argumentos. Isso se deve ao acesso privilegiado do emissor em relação ao seu próprio mundo subjetivo, o que não ocorre nos mundos social e objetivo nos quais todos participam com iguais direitos. Esse fato leva a que a reivindicação à sinceridade seja criticável apenas a partir do comportamento subsequente do emissor.[20]

---

[19] *Idem*, p. 130-1
[20] *Idem*. p. 113.

Neste sentido, a teoria da ação linguística habermasiana, ao partir da racionalidade do poder ilocutivo do componente intersubjetivo da ação linguística, pleiteia uma *relação interna entre significado e validade*, ou seja, essas duas questões são inseparáveis na medida em que tanto a aceitação ou a rejeição da validade de uma reivindicação valorativa qualquer, quanto à sua compreensão ou incompreensão, dependem da mesma forma do resgate argumentativo baseado em "boas" razões, ou seja, razões capazes de convencer.[21]

A superação das outras teorias do significado concorrentes concretiza-se no resgate dos elementos unidimensionalizados nessas teorias. A *intenção* do emissor passa a ser assegurada sem que isso implique necessariamente, como acontece quando se parte das pressuposições da filosofia da consciência, em ação estratégica. A *verdade* de uma proposição deixa de ser a única reivindicação de validade possível e a sinceridade e a justiça passam, esta última sob a pressuposição de um contexto normativo comum, a ser também resgatáveis. Finalmente, evita-se o perigo do *relativismo* da teoria wittgensteiniana pela independência da força argumentativa, ao contrário dos jogos linguísticos, em relação a contextos concretos.

Finalmente, podemos nos perguntar como resolve a pragmática universal a questão central da teoria dos significados. O que significa para Habermas entender uma expressão simbólica? Significa compreender *o que* a faz aceitável, através da resolução discursiva da reivindicação de validade proposta. Em outras palavras, entender uma ação linguística para Habermas significa conhecer as razões que o emissor expressa de modo a convencer o receptor de que, em dadas circunstâncias, ele tem direito a pretender validade para sua expressão.[22]

---

[21] HABERMAS. Jürgen. 1988, p. 103.

[22] *Idem*, p. 128.

A característica do resgate argumentativo que confere o caráter racional e cognitivo às reivindicações valorativas, assim como do entendimento como objetivo final das partes envolvidas, possibilita ligar a pragmática universal à teoria da ação sociológica. Esclarecer essa ligação é o tema do próximo subcapítulo.

A MUDANÇA DE PARADIGMA NA TEORIA DA AÇÃO SOCIAL

Toda ação social é teleológica, ou seja, está relacionada à forma na qual o ator realiza seu plano para a consumação da ação. Para a interação social entre os diversos atores entra em cena a questão da "coordenação das ações", ou seja, a questão de como os planos dos diversos atores entre si podem ser ligados. É apenas a esse nível da interação social que Habermas introduz o conceito de ação comunicativa em substituição ao conceito de ação linguística que encontra sua razão de ser apenas no âmbito da teoria dos significados em oposição ao conceito de ação estratégica.

A ação comunicativa ocorre quando a coordenação entre as ações consuma-se através do entendimento (*Verständigung*) no sentido já exposto no ponto anterior: uma relação intersubjetiva entre emissor e receptor com base em reivindicações valorativas resgatáveis argumentativamente. A ação estratégica, por outro lado, efetiva-se através do exercício de influência (*Einflussnahme*), ou seja, depende de critérios externos à formação da vontade discursiva, como através de ameaças ou oferecimento de vantagens.[23]

No caso da ação comunicativa é importante notar que a teleologia dos atores envolvidos na interação é "suspensa" pelo

---

[23] *Idem*, p. 69.

mecanismo de coordenação entre ações que visam ao entendimento. Isso significa que o caráter egocêntrico típico a toda intenção é suspenso como condição estrutural para o entendimento baseado numa língua compartilhada intersubjetivamente. Para Habermas, o *telos* do entendimento que habita as estruturas linguísticas força a passagem do egocentrismo inicial em favor da perspectiva intersubjetiva do entendimento. Essa é a razão, aliás, que explica por que a distinção entre os dois tipos de ação só possa ser introduzida ao nível da coordenação entre ações. Apenas a este nível os dois tipos de ação excluem-se mutuamente.

Esse argumento implica em que a interação comunicativa exija o preenchimento de certas condições. Para Habermas, essas condições são duas: a) os atores envolvidos dispõem-se a se comportar cooperativamente e a definir seus planos particulares conforme critérios comuns; b) os atores envolvidos estão dispostos a estipular os objetivos da busca conjunta de definição da situação através do mecanismo do entendimento, ou seja, através do bom e correto uso dos papéis de emissor e receptor que buscam a consecução de fins ilocutivos. Essas duas condições logram a realização de uma interação baseada na força interativa, plena de consequências para os envolvidos, de reivindicações valoram as racionais e criticáveis, intersubjetivamente reconhecidas.[24]

Também a esse nível da teoria da ação, a exemplo do que fizemos no subcapítulo anterior no âmbito da teoria dos significados, pode-se falar de uma mudança de paradigma, a qual, também de forma similar ao caso anterior, pode ser ilustrada através de um deslocamento do lugar da racionalidade.[25]

O grande teórico clássico da teoria da ação, Max Weber, localizou na orientação da ação de cada sujeito-ator isolado a

---

[24] *Idem*, p. 129-30.
[25] HABERMAS, Jürgen. 1987, 1, p. 441.

base para sua teoria e classificação da racionalidade da ação social. Habermas, ao contrário, afirma que o "mundo vivido" (*Lebenswelt*), conceito esse que será detalhadamente estudado a seguir, ou seja, o mundo intersubjetivo e linguisticamente mediado onde os atores "desde sempre" se encontram, é a condição necessária da racionalidade comunicativa. Para Habermas, o sentido subjetivo weberiano é uma categoria pré-comunicativa, baseada no modelo da semântica intencional, segundo a qual o entendimento é uma categoria derivada da intenção individual, levando a que a eficácia própria do meio linguístico perca-se em favor das opiniões e objetivos do sujeito agente.

A grande novidade da teoria da ação comunicativa habermasiana, que confere a singularidade da sua teoria em todos os níveis, é o que se pode chamar de mudança de paradigma da ação social que localiza a racionalidade da ação não mais no sujeito isolado, mas, sim, no mundo intersubjetivo, linguisticamente mediado. Isso não significa, de forma alguma, que não possa existir uma teoria da intersubjetividade fora do paradigma linguístico. Max Weber desenvolveu, de forma consequente e muito interessante, instrumentos conceituais que permitem investigar as relações intersubjetivas nas suas mais variadas formas. O que é decisivo neste ponto para a argumentação habermasiana é que, na sua teoria, o indivíduo ator deixa de ser a fonte por excelência dos significados linguísticos.[26] Esse ponto é decisivo para a crítica de Habermas do conceito a seu ver muito estreito e unilateral da racionalidade instrumental em Max Weber. Como ainda teremos oportunidade de examinar mais tarde, Habermas defende a tese de que a teoria weberiana da ação é insuficiente para uma adequada percepção de determinados processos históricos, como o desenvolvimento da racionalização moral e os seus efeitos para a moderna sociedade industrial.

---

[26] WELLMER, Albrecht. 1985, p. 77.

Nesse contexto, ganha todo relevo a tese da língua como sendo habitada pelo *telos* do entendimento. Para defender essa hipótese em contraposição ao uso meramente instrumental da língua, como mais um objeto à disposição do sujeito-ator, desenvolve Habermas sua tese do uso da língua visando ao entendimento como "modo originário" da língua. Mesmo a ação estratégica, ou seja, a ação que é ligada a outras ações pelo exercício de influência, precisa, para alcançar seus objetivos, usar o meio linguístico. O meio linguístico é, desta forma, um pressuposto a toda interação social. A ação estratégica tem um aspecto derivado na medida em que não pode prescindir do meio linguístico, apesar de retirar, ao mesmo tempo, a eficácia interativa do componente performativo da ação linguística.

A coordenação das ações através do exercício de influência (ação estratégica, portanto) usa o meio linguístico, reduzindo-o a mero "meio de informação", retirando seu poder intrínseco de produzir consenso.[27] O poder de "convencimento" de um assaltante, por exemplo, está situado, evidentemente, fora do âmbito linguístico. Habermas chama a todos esses efeitos, produzidos a partir da neutralização do componente ilocutivo intrínseco à língua, de efeitos perlocutivos.

Os efeitos perlocutivos podem ser obtidos de duas maneiras: a) na ação estratégica latente, pelo uso "parasitário" da capacidade ilocutiva da língua. Nesse caso, um dos autores encobre do outro o uso perlocutivo que faz da língua. O ator que induz o outro cm erro percebe que apenas conseguirá dado efeito se não se subordinar às pressuposições da interação comunicativa: b) na ação estratégica manifesta, ao contrário, o ator não encobre seus fins verdadeiros e prescinde do poder ilocutivo da língua, relegando-a à função de meio de informação. Neste último tipo de interação, a coordenação se dá através do exercício de influência externo à língua.[28]

---

[27] HABERMAS, Jürgen. 1988, p. 133.

[28] Idem, p. 133.

A tese do entendimento como modo originário da língua ilustra a já comentada mudança do local da racionalidade do sujeito isolado para o inundo intersubjetivo linguisticamente mediado. Essa mudança do lugar da racionalidade seria justificada pelo fato de que a possibilidade mesma da troca simbólica entre os sujeitos pressupõe, de forma necessária, um mundo intersubjetivo anterior. A possibilidade do entendimento, o objetivo da racionalidade comunicativa, não é uma função das orientações explicitamente conscientes dos sujeitos envolvidos nesse processo. A condição de existência do entendimento e a fonte da racionalidade comunicativa são um mundo intersubjetivo, implicitamente consciente em cada indivíduo, que Habermas denomina "mundo vivido" (*Lebenswelt*).

Aqui temos o contexto da *segunda* crítica fundamental de Habermas à teoria weberiana, nomeadamente a crítica aos limites da teoria da ação, lendo como consequência a proposição de um conceito dual de sociedade. O conceito de ação comunicativa necessita, para propiciar uma frutífera análise da sociedade, ser "complementada" pelo conceito de mundo vivido. De forma análoga, corresponde o conceito de "sistema" ao nível da ordem social, ao conceito de ação estratégica. A explicitação desses conceitos, assim como as relações entre eles, nos dá ensejo para passarmos ao próximo subcapítulo.

DA AÇÃO SOCIAL À ORDEM SOCIAL

A mudança do local da racionalidade, da orientação explícita dos sujeitos para o mundo vivido intersubjetivamente, não implica negação, por Habermas, do papel inovador dos indivíduos ou da necessidade de um acesso compreensivo no estudo da sociedade. Iremos ver como a integração social do mundo vivido efetiva-se pela coordenação das ações dos indivíduos atores, sem que isso implique que as condições de possibilidade dessa coordenação deixem de localizar-se nos sujeitos para deslocar-se em direção ao mundo intersubjetivamente compartilhado. Isso significa que, para a teoria da ação comunicativa, a individualização é um resultado e não um pressuposto. Um resultado do processo de socialização que possibilita a individualizado.

No caso da ação estratégica temos uma argumentação distinta. Para Habermas, apenas na coordenação das ações comunicativas leva-se em conta a orientação dos atores envolvidos. No caso da integração das ações estratégicas, a coordenação entre as ações processa-se através de uma rede de ligações funcionais, constituídas por processos sociais que situam-se além das intencionalidades individuais num contexto de mecanismos sociais autorregulados. Aqui Habermas segue a visão dos teóricos sistêmicos que consideram um tipo de análise como o weberiano, baseado na intencionalidade individual, como inadequado para a análise das sociedades complexas modernas.[29]

Para captar as ligações dessas consequências inintencionais das ações, sugere Habermas a passagem da razão instrumental — localizada no sujeito — para a razão funcional — localizada no sistema -, a qual retira do sujeito a liberdade de escolha dos meios e dos fins da ação. A noção parsoniana de "meio regulador" (*Medien*) permite pensar essa disponibilidade da intencionalidade individual a partir de um sistema de estruturas de preferências já dadas, embutidas em cada subsistema No caso do meio dinheiro, por exemplo, paradigmático tanto historicamente quanto no desenvolvimento da teoria parsoniana, teríamos uma forma de regular as relações entre força de trabalho e bens de consumo por meio de "escolhas" funcionais independentes da vontade individual dos envolvidos nesse processo.

Nos dois subcapítulos subsequentes examinaremos minuciosamente esses dois conceitos fundamentais da teoria comunicativa: o de sistema discutindo a recepção crítica habermasiana da teoria dos meios regulativos em Parsons e o conceito de mundo vivido, enfatizando seu sentido como pressuposto do processo de entendimento.

---

[29] HABERMAS, Jürgen. 1987, II, p. 494. Ver também, sobre esse tópico. JOAS, Hans. "Die unglückliche Ehe von Hermeneutik und Funktionalismus", *in Kommunikatives Handelns*. Frankfurt, 1986.

O Conceito de Sistema

O conceito de sistema na teoria habermasiana é conseguido, como já foi mencionado anteriormente, pela recepção da teoria sistêmica parsoniana. Esta teoria tem como noção fundamental o conceito de meio regulativo. A teoria dos meios foi uma ideia que Parsons "importou" da economia para a sociologia. A economia neoclássica havia criado a ideia da economia como um subsistema relativamente independente que regula suas trocas e relações com outros subsistemas através do meio dinheiro. O dinheiro adquire, na teoria parsoniana, o lugar paradigmático do meio regulador por excelência, que possibilita as relações entre os atores e os subsistemas entre si.

Para Habermas, a teoria dos meios regulativos, que irá desenvolver-se a partir dessa ideia, consuma a transformação operada na obra parsoniana da integração social em favor da integração sistêmica. Em outras palavras, a interação entre os atores sociais passa a ser vista, preferencialmente, não mais como uma relação intencional dos atores, mas sim como uma rede de mecanismos funcionais que regulam as consequências inintencionais desses atores.[30]

Para Parsons, no entanto, o dinheiro é apenas o exemplo mais claro de uma forma de regulação que irá estender-se a todos os campos da vida social. Assim sendo, o papel do dinheiro na economia foi analogamente expandido para o poder, no âmbito do sistema político; para a influência, no sistema da integração social, e, finalmente, às obrigações valorativas relativamente ao sistema da preservação de modelos estruturais.

A crítica habermasiana à teoria sistêmica parsoniana concentra-se, precisamente, na censura do exagero na *generalização* da noção de meio regulativo. Para Habermas, se é razoável

---

[30] HABERMAS, Jürgen.1987, II, p.353

pensar-se no dinheiro como regulador das relações e trocas econômicas, assim como, ainda que com limitações importantes, do poder como regulador do subsistema político, a generalização dessa ideia levaria ao erro e à omissão de desigualdades importantes entre as diversas esferas sociais.[31]

A vantagem do meio regulador consiste na sua capacidade de, sob certas circunstâncias, substituir com vantagens a comunicação linguística. Essas vantagens apontam principalmente para os ganhos de eficiência dos meios reguladores que diminuem tanto o dispêndio que o processo de entendimento sempre acarreta como o risco do fracasso na busca desse entendimento. A sempre presente possibilidade do dissenso na interação comunicativa é eliminada pelos meios reguladores na medida em que um valor genérico embutido no subsistema, do qual o meio regulativo é uma espécie de "representante", predetermina a orientação dos atores envolvidos. A situação que condiciona a escolha dos atores baseia-se numa clara relação de interesses que permite que os atores fundamentem suas decisões exclusivamente a partir do cálculo do sucesso e da maior vantagem possível. A Alter (o receptor da proposta na linguagem parsoniana) restam duas alternativas – positiva ou negativa – à oferta de Ego (o emissor da proposta) o qual, por sua vez, está em condições de dirigir e manipular a escolha de Alter a partir de novas ofertas.[32]

No caso paradigmático do dinheiro, a situação básica é a troca de mercadorias; os parceiros da troca seguem interesses econômicos; a utilidade (*Nutzen*) é o valor genérico e a rentabilidade é o critério no qual o sucesso é medido. Sob essas condições pode o dinheiro substituir, com vantagens, a interação linguística como regulador da coordenação entre os atores nas relações específicas do subsistema econômico. Ao invés de

---

[31] *Idem*, p. 388.
[32] *Idem*, p. 393.

apelar a uma força motivada *racionalmente*, como no caso do processo que visa ao entendimento, temos uma força motivada *empiricamente*, ou seja, a partir da satisfação de necessidades por meio de bens materiais e palpáveis. A separação do meio dinheiro do contexto do mundo vivido não é no entanto total. A regulação formal das relações de troca pelo direito privado propicia uma rejunção (*Rückkoppelung*) desse meio ao mundo vivido.[33]

A tentativa de expandir o conceito de meio regulador do dinheiro para o poder implica, para Habermas, certas limitações. Inicialmente existe uma série de diferenças quantitativas na possibilidade de circulação, mensurabilidade, armazenamento e calculabilidade que o poder apresenta em relação ao dinheiro. Essas distinções são, todavia, apenas graduais.[34]

Decisivo entretanto é que o poder, ao contrário do dinheiro, exige um "ancoramento" (*Verankerung*) em relação ao mundo vivido bem mais profundo e cheio de consequências. A diferença aqui não se refere apenas ao fato de o poder reassociar-se ao mundo vivido por intermédio das normas de direito público, em oposição às de direito privado, como no caso do dinheiro. O poder necessita de *legitimação*, e para esse fato, a comparação com o dinheiro não apresenta nenhuma analogia.[35]

A causa da necessidade estrutural do meio poder por legitimação deve-se à relação desigual que marca toda relação de poder. Habermas parte do princípio de que na relação de troca, regulada pelo dinheiro, teríamos uma relação entre iguais, enquanto na relação de poder a heteronomia seria constitutiva. Enquanto na relação de troca nenhum dos envolvidos seria prejudicado no seu cálculo da utilidade (valor

---

[33] *Idem*, p. 398.
[34] *Idem*, p. 402-3.
[35] *Idem*, p. 404.

genérico do meio regulador dinheiro), teríamos na relação entre dominantes e dominados uma desigualdade estrutural, que impediria que as questões relativas à consecução dos objetivos comuns de uma comunidade (valor genérico do meio poder) pudessem ser resolvidas sem o recurso a um consenso linguístico. Os dominadores precisam demonstrar, com base em razões criticáveis e racionais, que eles efetivamente perseguem fins comuns. Essa necessidade faz com que possamos, apenas com reservas, referirmo-nos ao poder como um meio regulativo.[36]

A concepção habermasiana da troca de mercadorias como uma relação entre iguais pressupõe, com certeza, o fato de que a normalização das relações de trabalho nos países industriais na Europa e na América tenha transformado, de forma fundamental, a relação entre o detentor da mercadoria força de trabalho e o detentor de meios de produção no mercado capitalista.[37]

Vimos como na passagem do dinheiro para o poder a noção de meio regulador passa a ser aceita apenas com restrições importantes. A legitimidade da expansão desse conceito para a análise da integração social, assim como para o sistema de preservação de modelos estruturais (os dois outros subsistemas sociais da teoria parsoniana além da economia e da política), é negada completamente por Habermas. Nesse contexto, ganha sentido a crítica habermasiana da "razão funcionalista". Os teóricos sistêmico-funcionalistas não teriam captado a especificidade desses subsistemas, os quais equivalem ao mundo vivido habermasiano, que não podem prescindir do recurso da formação consensual da vontade racionalmente motivada.

---

[36] *Idem*, p. 406.

[37] Essa "conquista histórica" parece-me, também, a razão principal da alegada superação do marxismo, como iremos ter ocasião de discutir mais tarde.

Para Habermas, esses dois subsistemas representam antes duas formas de entendimento: o primeiro baseado no reconhecimento de reivindicações valorativas normativas e o segundo o reconhecimento de reivindicações cognitivas. O próprio Parsons reconhece a distinção entre o tipo de influência que Ego exerce sobre Alter, no caso da interação pelos meios dinheiro e poder, e pelos meios influência e obrigações valorativas. Os primeiros devem modificar a "situação" onde Ego e Alter se encontram para conseguir sucesso: os últimos exigem, ao contrário, a tentativa de mudar as "intenções" de Alter.[38]

Para Habermas, Parsons aponta a distinção entre ação estratégica e comunicativa para depois, no entanto, omiti-las novamente. Para modificara "intenção" de Alter, Ego é obrigado a conversar *com* Alter para convencê-lo a mudar de opinião. A força ilocutiva própria as interações linguísticas é uma condição universal e necessária nesse caso. Do contrário, restaria a Ego a possibilidade de atuar sobre a situação, o que, de resto, confere o sentido da ação estratégica.

Como resultado, temos a admissão do conceito de meio regulativo apenas para a economia e. de forma condicionada, para a política. Esse conceito de sistema deve ser acoplado ao de mundo vivido, para proporcionar, com a junção dos dois níveis, cada qual imperando sobre um setor da sociedade, o conceito dual de sociedade em Habermas.

---

[38] *Idem*, p. 415.

O Conceito de Mundo Vivido

O mundo vivido significa para Habermas o "lugar transcendental" do indivíduo, no qual ele está desde sempre inserido, e em relação ao qual é impossível uma atitude de distância. Ele é também o lugar que permite as condições de possibilidade do entendimento e da crítica. Vimos anteriormente que o entendimento dá-se sempre em relação aos três mundos formais: o objetivo (da natureza exterior); o social (da sociedade); e o subjetivo (da natureza interna). O mundo vivido é precisamente o pano de fundo que permite o entendimento dos atores nesses três níveis.

Esse "pano de fundo" é formado pela cultura e pela língua, assim como pelas tradições e valores transmitidos pela língua. Enquanto o mundo vivido é para o entendimento constitutivo, os três mundos formam o sistema de referência *sobre o que* (*worüber*) se produz o entendimento. A concretização do horizonte do mundo vivido consuma-se com a *situação*. Uma situação é uma parte do mundo vivido, que é retirada do todo uniforme e indiviso pela proposição de um *tema*. O tema por sua vez, delimita a esfera do mundo vivido que será objeto da discussão dos atores.[39]

Aqui cabe distinguir essa noção de tema, do sentido que este mesmo nome assume na fenomenologia social de um A. Schutz ou um T. Luckmann. Para estes autores, um tema representa o domínio de relevância que constitui uma situação a partir dos *planos* de pelo menos um dos atores envolvidos, no sentido de lograr a realização de seus fins. A referência à consciência individual é clara e imediata.[40]

Para entender-se como a concepção habermasiana foge à referência ao papel da consciência individual, temos que

---

[39] *Idem*, p 187-92.
[40] *Idem*, p. 198.

analisar, como Habermas o faz, de forma análoga a já operada com relação à estrutura dialógica, o mundo vivido de uma perspectiva formal-pragmática. Habermas parte da análise do conhecimento implícito como a base da práxis diária do mundo vivido. Esse conhecimento implícito ou pré-reflexivo é distinto, para Habermas, tanto do conhecimento com-tematizado (*mit thematisierten*) quanto do conhecimento tematizado. Num ato linguístico qualquer, temos na proposição a incorporação do conhecimento tematizado. O componente performativo, por sua vez, apresenta um caráter meramente "com-temático", posto que se consuma numa ação e não na apresentação explícita de um conhecimento. Para a apropriação do significado do ato ilocutivo assim consumado, exige-se urna descrição do mesmo, ou seja, a passagem da perspectiva do ator para a do observador.41

O conhecimento pré-reflexivo não-temático distingue-se do acima analisado conhecimento com-tematizado, exatamente pela impossibilidade do seu acesso pela simples mudança de perspectiva. O conhecimento pré-reflexivo exige uma análise de pressuposições. Não temáticas são precisamente aquelas pressuposições através das quais uma ação linguística pode realizar-se e ser tida como legítima ou não. Esse é o terreno no qual todo conhecimento tematizado ou com-tematizado apoia-se, em última instância, propicia a plausibilidade das reivindicações valorativas propostas. Habermas distingue três níveis do conhecimento não temático: a) um horizonte de conhecimento relativo à situação; b) um conhecimento contextual dependente do tema proposto; e c) um conhecimento de fundo. Os dois primeiros são conhecimentos de primeiro plano em comparação ao último.[42]

O primeiro desses níveis refere-se ao horizonte não imediatamente relacionado com a situação dialógica em termos

---

[41] HABERMAS, Jürgen. 1988, p. 88.

[42] *Idem*, p. 89.

espaço-temporais, mas que, ainda assim, oferece as condições para a aceitabilidade das expressões. O segundo nível diz respeito, por sua vez, ao contexto mais amplo que o compartilhamento de uma língua ou cultura oferece. O terceiro nível, por outro lado, difere dos dois anteriores pela dificuldade de tornar-se problematizável. Ele forma a fonte obscura e inconsciente dos dois outros níveis. Apenas através do esforço metódico pode-se chegar a esse nível e torná-lo explícito.

Esse último nível apresenta três características principais: a) a sua "imediaticidade" que se deve ao caráter não temático de certezas; b) a "força totalitária" que implica o dado da intersubjetividade como primário (e não o "corpo" como na fenomenologia); e c) o "holismo" que confere o caráter de entrelaçamento e mistura das certezas que compõem esse nível. Essas três características do conhecimento de fundo confere a particularidade de "função fundamental" do mundo vivido.[43]

Sob o ponto de vista ontogenético, a distinção entre a relação com o mundo exterior e com o mundo social consuma-se de forma gradual e lenta. As experiências que têm a ver com a natureza interna, com o mundo dos sentimentos e com o próprio corpo, portanto, são indiretas e espelham-se nas experiências com o mundo exterior. Talvez esteja aqui o elemento "surpresa", de criação do novo, pelo menos potencialmente, já que Habermas une as experiências do mundo interior com a arte e a experiência estética em geral.

Com a autonomização estética dessas experiências subjetivas, inauguram-se novas formas de ver, sentir e se comportar. As experiências estéticas, dessa forma, não fazem parte das formas práticas do mundo cognitivo e moral e têm a ver, portanto, com a função constitutiva e descobridora da língua.

A terminologia de conhecimento de fundo, de primeiro plano e situacional, consuma-se na perspectiva participativa de

---

[43] *Idem*, p. 93.

atores empenhados no processo de entendimento. Como um todo, o mundo da vida deixa-se ver e analisar apenas a partir de uma mudança de perspectiva objetivante. Aqui, o ator não é o iniciador dos processos, mas sim produto de tradições. Essa perspectiva objetivante permite captar o mundo vivido como "reprodução simbólica", reprodução essa possibilitada e mediada pela interação comunicativa entre os atores.[44]

A interação social baseada na ação comunicativa contribui para a reprodução do mundo vivido em cada um dos três aspectos nos quais um emissor entende-se com um receptor. Com a coordenação de ações comunicativas temos a possibilidade de integração social de uma sociedade; sob o ponto de vista do entendimento sobre o dito ou afirmado tem-se a produção e manutenção das tradições culturais; e sob o aspecto da socialização tem-se a produção de identidades individuais.[45] Assim sendo, percebe-se como a ação comunicativa permite a reprodução do mundo vivido. A tradição cultural é possibilitada pelo processo de entendimento, a produção de ordens legítimas, pela coordenação de ações (as quais se baseiam, como já vimos, no potencial integrativo do componente ilocutivo das ações linguísticas) e a produção de estruturas de personalidade, pelo processo de socialização. *Cultura* é a reserva de conhecimentos alimentada pelas *interpretações* dos participantes nos processos comunicativos. *Sociedade*[46] compõe-se de ordens legítimas, nas quais os participantes dos processos comunicativos regulam seu pertencimento a grupos sociais e asseguram *solidariedade*. *Personalidade* é o conjunto de motivações que inspiram o sujeito à ação e produz *identidade*. Os três componentes do mundo vivido possuem dimensões

---

[44] *Idem*, p. 96.

[45] *Idem*, p. 96-7.

[46] Aqui Habermas usa, a exemplo de Parsons, a palavra sociedade tanto para designar a formação social como um todo quanto para referir-se à parcela desta que se ocupa da produção de solidariedade.

distintas. As tradições culturais são as mais amplas em seus efeitos espaço-temporais, como atesta o exemplo das religiões mundiais. As sociedades são mais amplas que personalidades no aspecto espaço-temporal, mas, por sua vez, mais limitadas que as tradições culturais. Todos os aspectos são, no entanto, entrelaçados entre si.

Com esse conceito de mundo vivido, logra Habermas descrever a forma como consuma-se a reprodução simbólica de uma sociedade nos três níveis da cultura, da solidariedade social e da socialização. Ele procura, dessa forma, superar as concepções unilaterais dominantes que enfatizavam apenas um desses aspectos, incorrendo assim em reducionismos distintos: um de caráter culturalista, como no caso da fenomenologia social; outro pela ênfase exclusiva no aspecto da solidariedade social, como em Durkheim e Parsons; e finalmente a redução social-psicologista, como na obra de G. H. Mead. Os três aspectos valorativos implícitos em qualquer ação linguística são vistos aqui sob a perspectiva da sua contribuição para uma teoria social.[47]

O conceito de sociedade como um todo, como uma combinação de reprodução material (sistema) e reprodução simbólica (mundo da vida), também é interpretado por Habermas como uma conquista em relação a outros reducionismos que tomam a parte pelo todo, como no exemplo de Parsons – reducionismo sistêmico ou Mead – reducionismo pelo aspecto do mundo vivido. Essa concepção dual implica também a adoção das perspectivas internas do sujeito-ator (mundo vivido) e externa não-participante e observacional (sistema), cada uma delas preservando sua legitimidade regional.

A sociedade como junção de sistema e mundo vivido não foi, de modo nenhum, um dado sempre existente. Ao contrário, só as sociedades modernas resultantes do processo de

---

[47] HABERMAS, Jürgen. 1987, II, p. 180.

racionalização que marcou a passagem, no mundo ocidental, das sociedades tradicionais às modernas, apresentam essa dualidade. A descrição desse processo de racionalização e a consequente bipartição da sociedade como seu resultado são o nosso tema na segunda parte — referente a Habermas — do próximo capítulo.

CAPÍTULO II
O CONCEITO DE
RACIONALIZAÇÃO

O DESENVOLVIMENTO OCIDENTAL PARA MAX WEBER

A Questão Weberiana

O objetivo deste capítulo é a reconstrução da interpretação weberiana da passagem da sociedade tradicional a moderna com o escopo de, por um lado, possibilitar a percepção da ambivalência específica do racionalismo ocidental de modo a permitir o acesso tanto ao diagnóstico quanto à terapia da época weberiana, e, por outro lado, permitir o embasamento à crítica da recepção unilateral que Habermas faz a esse autor.

Nesse contexto, não pretendo examinar todo o conjunto de fatores materiais e ideais que tenham desempenhado de alguma forma um papel relevante nessa transição, concentrando-me na discussão da especificidade do desenvolvimento religioso ocidental, visto que, segundo penso, a racionalização religiosa já propicia elementos suficientes para a demonstração da especificidade do diagnóstico e da terapia weberiana do presente. O peso particular da variável religiosa nesse processo — sem que com isso se esteja pleiteando uma dominância dessa esfera em relação a outras nesse processo de transição — deve-se ao fato de que, nas condições da concepção de mundo tradicional nos quais a "doação de sentido ao mundo" tem fundamentos fortemente religiosos, uma mudança de consciência (*Bewußtseinswandel*) seria impensável sem uma contribuição especificamente religiosa para aquela.[48]

O significado da especificidade do desenvolvimento ocidental como fio condutor de suas análises é enfatizado por Max Weber já na primeira frase do prefácio ao conjunto de estudos de sociologia religiosa.

> *No estudo de qualquer problema de história universal, um filho da moderna civilização europeia sempre estará sujeito à indagação de qual a combinação de fatores a que se pode atribuir o fato de na civilização ocidental, e somente na civilização ocidental, haverem aparecido fenômenos culturais dotados (como pelo menos queremos crer) de um desenvolvimento universal em seu valor e significado.[49]*

Apenas no Ocidente temos ciência empírica, música racional, imprensa, Estado e, antes de tudo, a forma econômica do capitalismo. A atenção de Weber dirige-se a genealogia desse processo: por que apenas no Ocidente, melhor, por que apenas no Ocidente *moderno*, ternos a vitória daquilo que Weber chama "racionalismo da *dominação do* mundo"?[50] Essa questão confere o impulso para as suas abrangentes investigações comparativas em sociologia da religião. Weber não pretendeu com esses estudos, com certeza, desenvolver uma "teoria geral" sobre todas as grandes civilizações. Os estudos sobre as religiões orientais devem servir apenas como "contrapartida comparativa" (*Kontra-forschung*) de modo que apenas os aspectos que estão em contradição com o desenvolvimento ocidental e, portanto,

---

[48] SCHLUCHTER, Wolfgang.1979, p. 254.

[49] WEBER, Max.1947 I, p.1.

[50] *Idem*, p. 534.

passíveis de enfatizar sua especificidade, são objeto da atenção de Weber e limitam, desde o início, o campo de estudo.

> *Esses estudos, portanto, não pretendem ser análises completas de culturas, mesmo que breves. Pelo contrário, eles procuram destacar propositadamente em cada cultura aqueles aspectos nos quais diferia e difere da civilização ocidental. Orientam-se, pois, definitivamente para os problemas que parecem importantes para a compreensão da cultura ocidental, deste ponto de vista. Tendo em vista esse objetivo, não parecia possível qualquer outro procedimento. Mas, para evitar mal-entendidos, deve-se dar uma ênfase especial à limitação do citado objetivo.*[51]

Weber preocupou-se, inicialmente, com a influência diferencial das doutrinas religiosas sobre a conduta prática. Esta direção da relação causal foi perseguida no seu texto seminal sobre "a ética protestante e o espírito do capitalismo". Mais tarde, no conjunto de textos que trata da ética econômica das grandes religiões mundiais, temos também a consideração da relação causal contrária.[52] Nesses textos, temos, por um lado, em contraste com a "ética protestante", os trabalhos sobre as religiões mundiais orientais, e, numa relação complementar àquele trabalho pioneiro, o estudo sobre o judaísmo antigo.

Pode-se imaginar as duas direções da relação causal que estamos tratando da seguinte forma: por um lado temos os impulsos psicológicos, religiosamente determinados, da conduta de vida prática, especialmente da conduta econômica, e, por outro lado, encontramos a relativa autonomia e a positividade específica do nível econômico. Este último é pré-formado por dados econômico-históricos e econômico-geográficos que são independentes de qualquer determinação "interna" da ação

---

[51] *Idem*, p. 13.

[52] *Idem*, p. 12.

econômica e influenciam, por sua vez, o *ethos* econômico prático. Tendo em vista a dificuldade de determinação de todos os fatores políticos, econômicos ou economicamente determinados que influenciam a ética religiosa decide Weber tomar a estratificação social (*soziale Schichtung*)[53] ou, melhor dizendo, os principais elementos da conduta prática, dos estratos sociais que, na realidade, influenciaram e portaram as éticas religiosas como "representantes" de todas as determinações socioeconômicas da ação religiosa.

A noção central para a interpretação dessa complexa multicausalidade é o conceito de "afinidade eletiva" (*Wahlverwandschaft*). Esse conceito permite a Weber, em distinção, por exemplo, a Marx, tratar das relações de reciprocidade entre as diversas esferas da sociedade sem reduzir uma como simples funções de outras, assim como evitar premissas teleológicas e de filosofia da história típicas do evolucionismo do século XIX. Ao invés de necessidades ou funções refere-se Weber sempre a "chances" ou "probabilidades". Em contraposição ao marxismo ortodoxo não existe nenhum vínculo *a priori* entre o mundo material e simbólico, ou seja, entre ideias e interesses. Também aqui fala Weber apenas de "chances".

Decisivo, no entanto, para os nossos interesses aqui é a sua recusa do evolucionismo sociológico clássico ao criticar o normativismo das etapas sucessivas e evitar qualquer noção de necessidade histórica. A minha recepção da sociologia weberiana das religiões vai privilegiar, precisamente, sua antecipação, neste campo, das teorias assim chamadas "neoevolucionistas" do século XX. A interpretação neoevolucionista da teoria weberiana foi levada a cabo nas últimas duas décadas por Wolfgang Schluchter, contribuindo decisivamente para a reposição de Max Weber no centro do debate sociológico atual, estimulando

---

[53] *Idem*, p. 239.

a releitura e reinterpretação desse clássico a partir de uma visão de conjunto das suas teses principais.[54]

Segundo a reconstrução da sociologia religiosa weberiana a partir dos pressupostos neoevolucionistas de uma lógica do desenvolvimento (*Entwicklungslogik*),[55] pode-se perceber a progressão das concepções do mundo – e das estruturas de consciência correspondentes – como um movimento que parte da concepção de mundo mágico-monista, passando pela teocêntrica-dualista, até a moderna concepção do imanente dualismo.[56] Esse processo reproduz a progressão da civilização ocidental como um movimento que pane do mito passando pela teodiceia até a antropodiceia. Irei tentar percorrer esse caminho por meio da

---

[54] A interpretação weberiana de W. Schluchter ocupa uma posição intermediária entre as interpretações tradicionais de cunho antievolucionista, como podemos notar nos trabalhos de Reinhardt Bendix, Günther Roth ou Johannes Winckelmann, e a inovadora recepção evolucionista desse autor levada a cabo por Friednch Tenbruck. Apesar de Schluchter concordar, em princípio, com Tenbruck acerca do conteúdo evolucionista da teoria weberiana, discorda, por outro lado, de três aspectos essenciais da interpretação desse último autor: 1) inicialmente refuta a opinião de Tenbruck de que tenhamos em Weber uma teoria da formação e desenvolvimento de todas as grandes culturas mundiais. Contra esse "programa evolucionista máximo" defende Schluchter um "programa mínimo" referente unicamente à singularidade do desenvolvimento ocidental; 2) ele também rejeita o lugar dominante, uma "astúcia" (*List*) das ideias em relação aos interesses e ao mundo institucional; 3) finalmente, refuta ainda Schluchter a sequência necessária de etapas de desenvolvimento, o que marca sua postura neoevolucionista O objetivo de sua interpretação reconstrutiva é definido, pelo próprio autor, como uma tentativa de enriquecer o ponto de partida teórico weberiano a partir do diálogo com correntes teóricas contemporâneas de modo a enriquecê-lo como alternativa teórica. Ver SCHLUCHTER, Wolfgang 1979. p.1-14.

[55] O neoevolucionismo baseado na lógica de desenvolvimento distingue-se do evolucionismo tradicional na medida em que diferencia lógica de desenvolvimento e dinâmica de desenvolvimento, no sentido de evitar-se a ideia de uma sequência necessária de etapas a partir de um critério hierárquico-normativo em favor de uma mera retrospecção de processos históricos contingentes. O primeiro distingue-se do último também por diferenciar as estruturas de desenvolvimento dos seus conteúdos de modo que apenas as primeiras podem pretender universalidade enquanto os últimos podem ser particulares.

[56] SCHLUCHTER, Wolfgang. 1980, p.9-40; 1979, especialmente p. 59-103.

racionalização religiosa de modo a explicitar os pressupostos da especificidade do desenvolvimento ocidental.

Do Mito à Teodiceia

Ao falar da gênese das religiões, Weber esclarece que não pretende tratar da "essência" da religião, senão apenas indagar sobre as condições e efeitos deste tipo de ação comunitária. De acordo com o seu enfoque compreensivo, o ponto de partida são sempre as vivências e representações subjetivas dos indivíduos atores, ou seja, o "sentido" dado à ação pelos sujeitos.[57]

Esse "sentido", pelo menos nas primeiras manifestações da religião e da magia, é dirigido a "este mundo" criado pela expectativa de que as coisas possam "ir bem e que se viva longos anos".[58] O elemento religioso ainda se encontra entranhado nos outros aspectos da vida cotidiana, especialmente o de natureza econômica. Esse é o reino do naturalismo pré-animista onde coisas e significados ainda não se separaram e o "sentido do mundo" como problema ainda não aparece. Apenas a maior ou menor cotidianeidade dos entes é objeto da cognição mágica. O elemento apartado da familiaridade imediata do cotidiano é o que Weber chamará de "carisma".[59]

O naturalismo pré-animista baseia-se na crença de que criaturas determinam e influenciam o "comportamento" de coisas ou pessoas habitadas pelo carisma. Este é o núcleo da crença nos espíritos em que espírito representa sempre algo indeterminado e material. A etapa seguinte, do ponto de vista lógico, é a imaginação de uma alma que propicia a transição do

---

[57] WEBER, Max. 1985, p. 245.

[58] *Idem*, p. 245.

[59] *Idem*, p. 247

pré-animismo ao animismo em sentido estrito.[60] Na crença nas almas, que pressupõe já a prática dos magos, ocorre uma separação entre a ideia da entidade sobrenatural e os objetos concretos os quais, agora, passam a ser apenas habitados ou possuídos.

O desenvolvimento cognitivo seguinte representa um salto qualitativo e implica a passagem do naturalismo para o simbolismo. O simbolismo pressupõe uma crescente abstração dos poderes sobrenaturais dispensando, dessa forma, qualquer relação com objetos concretos. Decisivo para esse movimento em direção à impessoalização da representação das forças sobrenaturais é a circunstância de que "agora não apenas as coisas e fenômenos que estão aí e acontecem representam um papel na vida, mas também coisas e fenômenos que significam algo e porque precisamente significam algo".[61]

Agora cabe ao mago, no exercício da sua profissão, não mais ocupar-se das coisas e homens como sintomas de poderes sobrenaturais, mas, sim, procurar influenciar essas forças por meio de símbolos. Bonecos são usados no lugar de pessoas reais, e os sacrifícios passam a ser executados com símbolos. As coisas e os acontecimentos passam a ser portadores de significados, os quais não tem a ver com suas propriedades naturais.[62] Como enfatiza Godfrey Lienhardt, o simbolismo propicia ao sujeito, pela primeira vez, uma forma de controle sobre o objeto da experiência através de um *ato de conhecimento,* levando a que se supere a relação naturalista do homem em relação ao seu meio por força da autonomização do conceito em relação à coisa.

Um animal ou o homem pré-religioso podem apenas resistir passivamente à experiência do sofrimento e de outras limitações

---

[60] *Idem*, p. 248. É importante perceber essa sequência de etapas sob a luz das considerações tecidas na nota 55.

[61] *Idem*, p. 248.

[62] BELLAH, Robert. 1973, p. 274.

impostas pelas suas condições de existência. O homem religioso, ao contrário, pode, através de sua capacidade de simbolização, de certa forma "transcender e dominar" conseguindo, desse modo, uma liberdade em relação ao seu próprio meio impossível no passado.[63]

O aparecimento dos poderes sobrenaturais – almas, deuses e demônios – na sua relação com os homens possibilita a constituição da esfera ou do campo de ação religioso.[64] A relação das divindades com os homens é ainda, nessa fase de desenvolvimento, marcada pela ausência de distância. Distância essa que, no momento do ritual, desaparece completamente quando "o qualquer hora" (*irgendwann*) transforma-se no "agora" (*jetzt*).[65] A ausência de distância indica a existência de uma mera "duplicação" (*Verdoppelung*) entre o mundo das coisas e fenômenos e o mundo dos poderes sobrenaturais, denotando a existência de uma concepção de mundo monista.[66]

Essa circunstância leva a que a esfera religiosa não possua ainda nenhuma força propulsora de modo a canalizar a conduta prática em uma determinada direção. Ainda assim pode-se falar de uma "ética mágica" no sentido amplo do termo, como Weber o faz,[67] na medida em que, por força do tabu, produz-se alguma forma de regulação das condutas. Essa primeira forma de positividade religiosa possui uma eficácia apenas estereotipadora,[68] no sentido em que serve, antes de tudo, à proteção de interesses extra-religiosos, faltando ainda amplamente a referência a um "mundo" especificamente religioso.

---

[63] Apud BELLAH, Robert, 1971, p. 274.

[64] WEBER, Max. 1985, p. 247.

[65] BELLAH, Robert. 1973, p. 278.

[66] SCHLUCHTER, Wolfgang. 1980, p. 15.

[67] WEBER, Max. 1985, p. 264.

[68] *Idem*, p. 249.

Esse estado de coisas é decorrente do fato de o "desempenho" do simbolismo limitar-se ao mundo do ser (*Sein*). A distinção entre coisa e conceito, cuja importância já foi enfatizada, ainda não abrange a distinção entre ser e dever ser (*Sein und Sollen*). Esse passo pressupõe, precisamente, uma concepção de mundo dualista, a qual irá ser produto das religiões de salvação e apresenta, em termos de lógica de desenvolvimento, um passo evolutivo decisivo em relação à concepção de mundo mágica. Ao invés de uma simples duplicação temos aqui uma efetiva dualidade, na medida em que, ao contrário do mundo mágico, o nível transcendental, especificamente religioso, contrapõe-se ao nível empírico, reivindicando para si positividade e eficácia próprias. Mais ainda, o nível transcendental passa a ser visto como o "mais importante", implicando a desvalorização do nível empírico como reino passageiro das criaturas.[69] A "verdadeira" realidade passa a ser a do "além" em oposição à empírica, a qual vale, desde então, como passageira – nas religiões de salvação orientais – ou como o reino do pecado – nas religiões de salvação ocidentais.

Essa passagem pressupõe um processo – de forma alguma linear – no qual a imagem da divindade torna-se cada vez mais abstrata e universal. Paralelamente a esse movimento, modifica-se fundamentalmente a relação homem/Deus, na medida em que se aumenta, crescentemente, a distância entre as duas partes. A partir da já relativamente abstrata concepção da divindade no simbolismo, desenvolve-se a possibilidade de um culto duradouro através da sistematização de concepções religiosas ordenadas. No decorrer desse processo temos a constituição do panteão que permite a separação e a hierarquização das divindades a partir de campos de ação e competências específicas. A base da hierarquia depende tanto da importância econômica dos campos de ação

---

[69] *Idem*, p. 319.

respectivos quanto da identificação destes com fenômenos naturais universais.

Esse desenvolvimento complexo em direção a um distanciamento dos homens em relação às divindades possui determinantes intra e extra-religiosas. Em relação às últimas, são especialmente importantes o aparecimento dos grandes impérios, aumentando a esfera de influência das antigas divindades locais, a nivelação social, a importância crescente das relações de dominação na vida social em geral, o significado social e econômico da confiança na palavra empenhada, todos esses fatos implicando a necessidade "da vinculação ética do indivíduo a um cosmos de deveres, que permita prever sua conduta".[70] Com relação aos primeiros, contam o racionalismo dos sacerdotes interessados na criação de uma ordem normativa com influência na esfera profana, o próprio aumento desse grupo de especialistas, mas, antes de tudo, a mudança da coação mágica da divindade para o serviço divino (missa).

Essa última transformação foi absolutamente decisiva na medida em que possibilitou que a imputação do fracasso, pelo não atendimento por parte da divindade das súplicas dos fiéis, fosse dirigida ao próprio fiel, e não mais às divindades ou aos sacerdotes, como consequência da inobservância das exigências rituais ou pelo esquecimento do cumprimento dos mandamentos divinos.[71] A partir desse deslocamento da responsabilidade para os próprios fiéis, abre-se, crescentemente, espaço para a determinação ético-religiosa do comportamento secular. As consequências desse desenvolvimento são decisivas na medida em que a ação religiosa ganha em especificidade e separa-se das finalidades econômicas às quais sempre esteve ligada, permitindo a criação de uma esfera religiosa em sentido estrito. Sua nova autonomia tem que ser

---

[70] *Idem*, p. 263.

[71] *Idem*, p. 267.

preservada através da desvalorização das esferas mundanas comparativamente à religiosa.

Na introdução à ética econômica das religiões mundiais, vincula Weber esse processo de autonomização com a transformação peculiar do sentimento impulsionador fundamental da ação religiosa, o qual passa a ser o sofrimento. No início do desenvolvimento da esfera religiosa, o sofrimento era valorizado negativamente, como se pode observar pelo comportamento das comunidades arcaicas em festividades, quando doentes e sofredores em geral eram tidos como legitimamente punidos pelos deuses, portanto objeto do ódio e desprezo geral, não sendo aceitos como participantes nessas ocasiões. A religião servia então aos desejos dos poderosos e saudáveis de ver legitimada a própria felicidade.[72]

O caminho para a radical mudança dessa concepção começa com a distinção, relativamente tardia, entre a cura de almas, entendida como culto individual, e o culto coletivo, que cuidava apenas dos interesses mais gerais da comunidade. A cura de almas preocupa-se, ao contrário, com a questão da imputação causal da culpa do sofrimento individual, a qual foi assumida por dinastias de mistagogos ou profetas de uma divindade.[73] A partir dessa especialização, podem agora os especialistas vincular seus próprios interesses materiais e ideais com os motivos e necessidades da plebe.

Um passo seguinte consuma-se com a construção de mitos de salvação do sofrimento continuado, os quais permitem, pelo menos tendencialmente, uma interpretação racional do sofrimento. A matéria-prima original dessas construções eram os primitivos mitos da natureza que, a partir de sagas de heróis ou espíritos intimamente relacionados com fenômenos naturais, eram interpretados como cultos de salvação.[74] De uma maneira geral, foi

---

[72] WEBER, Max. 1947,1, p. 242.

[73] *Idem*, p. 243.

[74] *Idem*, p. 244.

formada a partir dessas esperanças de redenção uma "teodiceia do sofrimento", em evidente oposição às teodiceias da felicidade anteriores, que baseavam-se, ainda, em fundamentos rituais e não éticos. Com o novo sentido do sofrimento, agora como sintoma de felicidade futura, abrem-se as portas para a conquista do imenso público de sofredores e oprimidos em geral.[75]

Com a precedência da compreensão da religião como "teodiceia do sofrimento", inclinam-se os ricos e poderosos a abraçar outras fontes de legitimação da sua condição como o carisma do sangue. Os sofredores, ao contrário, saem em busca da ideia religiosamente motivada de uma "missão" confiada especialmente a eles.[76]

A teodiceia do sofrimento, como resultado da crescente racionalização das concepções de mundo religiosas, substitui, como uma metafísica tendencialmente racional, as concepções de mundo míticas, abrindo espaço, dessa forma, para o desenvolvimento de uma ética em sentido estrito. O pressuposto dessa passagem é um outro fundamental desenvolvimento cognitivo — como na transição do Naturalismo ao Simbolismo que permite, agora, a distinção entre as esferas do ser e do dever ser. Como consequência, temos uma mudança radical da relação dos homens consigo mesmos, com os outros e com seu ambiente. Deste momento em diante constitui-se um novo nível moral, mais ainda, temos o aparecimento da moral enquanto tal, como esfera autônoma, com uma positividade própria, na medida em que suas finalidades separam-se de todas as outras finalidades mundanas.

Com a concepção de mundo dualista por força da distinção entre o sagrado dever ser e o profano mundo do ser, constituem-se duas esferas concorrentes e paralelas, abrindo espaço para uma "rejeição religiosa do mundo" na medida em que o nível

---

[75] *Idem*, p. 245.

[76] *Idem*, p. 248.

empírico da realidade profana passa a ser desvalorizado pelo dever ser sagrado.

Uma primorosa análise das consequências e direções das rejeições religiosas do mundo é levada a cabo por Max Weber nas "considerações intermediárias à ética econômica das religiões mundiais". Todas as religiões de salvação, sejam elas ocidentais ou orientais, têm por base concepções de mundo dualistas, embora, com certeza, com as consequências as mais distintas.[77] A diversidade dessas consequências e influências sobre a conduta prática confere, inclusive, o fio condutor de toda a sociologia da religião weberiana assim como explica o peso heurístico da esfera religiosa para a explicação da especificidade cultural do Ocidente.

Uma análise da sociologia weberiana como um todo não tem sentido para os objetivos da nossa investigação. Meu interesse concentra-se, antes de tudo, na posição peculiar do caminho da rejeição religiosa ocidental que irá propiciar aquilo que Weber chama de "racionalismo da dominação do mundo", especialmente com respeito à sua contribuição para o "desencantamento do mundo" e, consequentemente, para a desintegração da concepção de mundo metafísico-religiosa. A questão que irá nos ocupar a seguir será: de que forma o racionalismo da dominação do mundo favoreceu o aparecimento de uma concepção

---

[77] Dois aspectos parecem-me decisivos na análise das influências diferenciais da ética religiosa sobre a condução da vida prática. Por um lado, temos um elemento imanente à mensagem religiosa, nomeadamente a concepção da divindade. A investigação comparativa descobre um Deus pessoal e transcendente no Ocidente e um Deus imanente e impessoal no Oriente. Essa distinção, entretanto, ganha toda a sua força apenas vinculada com o conteúdo da promessa religiosa e do caminho da salvação. Por outro lado, um elemento extra-religioso assume importância central, nomeadamente os portadores sociais da ética religiosa. Aqui importa saber que interesses ideais e materiais do estrato social em questão determinam a ética religiosa. Todos esses aspectos condicionam-se mutuamente. Importa muito, por exemplo, se o estrato social portador da promessa e do caminho da salvação religiosa privilegia uma interpretação intelectual (como no Oriente) ou prática (como no Ocidente) dos mesmos. Ver WEBER, Max. 1947 I, p. 536-73.

de mundo não-religiosa assim como de uma forma de consciência correspondente a esta? A resposta a essa questão nos dará, creio eu, a chave para o diagnóstico e a terapia weberiana da modernidade.

DA TEODICEIA À ANTROPODICEIA

O objetivo de Weber na *Ética protestante e o espírito do capitalismo*, esse texto verdadeiramente fundamental para toda a sua obra, é a determinação das afinidades eletivas entre os impulsos religiosamente motivados para a condução de vida prática e o "espírito" do capitalismo. Na tentativa de concretização desse espírito, comenta Weber, a doutrina de Benjamin Franklin do "time is money" cuja visão de mundo utilitarista implica, e isso é absolutamente fundamental, uma "ética da vida" e não apenas, como poderia parecer à primeira vista, uma "técnica da vida".[78] Assim sendo, trata-se de um "esquecimento de um dever ético" e não apenas falta de inteligência quando não se segue as máximas de comportamento recomendadas.

O conceito de um espírito do capitalismo ganha seu conteúdo precisamente sob o pano de fundo dessa atitude ética, a qual confere os traços mais típicos da modernidade especificamente ocidental. A doutrina de Franklin ganha, na argumentação weberiana, um lugar tão importante pelo fato de apresentar uma ética da vocação que, por assim dizer, "esqueceu" suas raízes religiosas. Isto faz com que Weber seja estimulado a pesquisar a genealogia do conceito de vocação enquanto tal. O ponto de partida de sua pesquisa passa a ser a intuição de que o espírito do capitalismo pressupõe uma ética vocacional bastante peculiar, a qual favorece uma atitude em relação ao trabalho em termos de dever e de obrigação moral.

---

[78] *Idem*, p. 33.

Nesse sentido, defende Weber, contra a opinião geral, a tese de que o espírito do capitalismo não deve ser confundido com a busca inescrupulosa de ganhos e lucros.[79] Muito antes, pelo contrário, esse mesmo espírito teria a ver com uma disciplinarização da busca de ganhos, ou seja, com uma transformação desse impulso em um *método* de conduta. A disseminação dessa nova atitude teve de ser conseguida em luta contra uma certa atitude naturalista anterior que Weber chama de "tradicionalismo".[80]

A fonte ideal dessa mudança na concepção do trabalho de simples meio para a satisfação de necessidades para uma concepção na qual o trabalho é visto como fim em si procura Weber na noção protestante da vocação. Martinho Lutero é percebido como o criador da noção moderna de vocação na medida em que ele introduz, com a sua tradução da Bíblia para o alemão, não apenas uma nova palavra, mas, antes de tudo, uma nova ideia.[81] O conteúdo radicalmente antitradicionalista da ideia de vocação aparece, entretanto, apenas com o protestantismo ascético.

A questão central para Weber passa a ser: quais são as afinidades eletivas entre a ética da vocação e certas formas de crença religiosa?[82] Aqui não o interessam os dogmas religiosos enquanto tais, senão "algo muito distinto", nomeadamente:

> ... *a influência daquelas sanções psicológicas que, originadas da crença e da prática religiosas, orientavam a conduta e a ela prendiam o indivíduo. Estas sanções eram, no entanto, em larga medida derivadas das peculiaridades da mensagem religiosa.*[83]

---

[79] *Idem*, p. 43.
[80] *Idem*, p. 44.
[81] *Idem*, p. 69.
[82] *Idem*, p. 83
[83] *Idem*, p. 86.

Dentre essas crenças religiosas, foi o calvinismo que, no contexto das seitas do protestantismo ascético, liderou as grandes lutas culturais nos países capitalistas mais adiantados, conferindo, também, os estímulos mais consequentes para uma condução de vida ascética.[84] O dogma mais característico do calvinismo é a doutrina da predestinação.[85] Segundo essa doutrina, apenas alguns homens são eleitos para a vida eterna sem que se possa ter acesso aos motivos que levaram Deus a fazer tal escolha.[86] Como Weber enfatiza, essa doutrina implica uma distinção radical tanto em relação ao catolicismo quanto em relação ao luteranismo, na medida em que os últimos defendem não só uma outra concepção da divindade, mas também possuem uma concepção essencialmente distinta da piedade divina.[87]

A doutrina calvinista da predestinação pressupõe uma concepção tal da divindade que, bem no sentido da divindade no Velho Testamento, implica um abismo intransponível entre Deus e os homens,[88] trazendo, como consequência, uma extrema intensificação da experiência humana da solidão. Uma outra consequência, talvez a mais importante, é a eliminação de toda mediação mágica ou sacramental na relação Deus-homens. Para Weber, esta última circunstância foi absolutamente decisiva para a superação do *ethos* católico e, em certa medida, também do luterano,[89] no sentido de que a ausência de mediação determina o fechamento dos espaços de "compromisso". O crente é deixado a si mesmo e apenas humildade e obediência em relação aos mandamentos da divindade podem decidir da sua salvação. A totalidade da condução da

---

[84] *Idem*, p. 89.
[85] *Idem*, p. 90.
[86] *Idem*, p. 92.
[87] *Idem*, p. 103.
[88] *Idem*, p. 93.
[89] *Idem*, p. 94-5.

vida como unidade é o que conta para que se alcance a salvação, e não a soma de ações isoladas.

O patético, isolamento individual cria, no entanto, uma sensação de insegurança insuportável para as necessidades emocionais de um homem normal. Para um virtuoso como Calvino não existia essa questão, posto que ele estava seguro da própria salvação; para os seguidores, no entanto, ganha a questão da dúvida da própria eleição um significado central, propiciando a elaboração da doutrina da certeza da salvação (*Bewärungsgedanke*). Essa doutrina confere um significado sagrado ao trabalho intramundano ao interpretá-lo como meio para o aumento da glória de Deus na terra, de modo a dar ao crente a segurança de que seu comportamento é não apenas agradável a Deus (*gottgewollt*) mas, acima de tudo, "fruto direto da ação divina (*gottgewirkt*), possibilitando a fruição do bem maior dessa forma de religiosidade, qual seja a certeza da salvação".[90]

A noção de vocação ganha, assim, um novo sentido na medida em que passa a contar como "sinal da salvação": mais ainda, como sinal da salvação a partir do desempenho diferencial. O objetivo da salvação (*Heilsziel*) e o caminho da salvação (*Heilsweg*) passam a exercer uma influência recíproca de tal modo que uma condução de vida metódica religiosamente determinada pode aparecer.

Com isso temos não só a superação da concepção tradicionalista de vocação em Lutero, mas também do próprio *ethos* tradicionalista enquanto tal. No lugar da concepção da salvação segundo a acumulação de boas ações isoladas, temos agora a visão de que a vida tem que ser guiada a partir de um princípio único e superior a todos os outros: que a vida terrena deve valer apenas como um meio (e o homem um mero instrumento de Deus) para o aumento da glória divina na terra. Todos os sentimentos e inclinações naturais deveriam subordinar-se a esse

---

[90] Weber fala mais precisamente de caminho para a certeza da salvação. Idem, p. 110.

princípio, representando o protestantismo ascético, deste modo, uma gigantesca tentativa de racionalizar toda a condução da vida sob um único valor.

> *O ascetismo puritano, como todos os tipos de ascetismo "racional", tentava habilitar o homem a afirmar e a fazer "valer os seus motivos constantes" especialmente aqueles que foram adquiridos em contraposição aos sentimentos. Sua finalidade, ao contrário de algumas crenças populares, era habilitar a vida alerta e inteligente, enquanto a tarefa imediata de anulação do gozo espontâneo e impulsivo da vida era o meio mais importante da ascese na ordenação da conduta dos seus adeptos.[91]*

Ao contrário da ascese monástica medieval, que significa uma fuga do mundo, temos aqui uma ascese intramundana que direcionou toda a força psicológica dos prêmios religiosos para o estímulo do trabalho segundo os critérios de maior desempenho e eficiência possíveis. O elemento ascético age como inibidor da fruição dos frutos do trabalho, sendo o desempenho compreendido como atributo da graça divina e um fim em si.

A doutrina de Franklin recupera, agora, a lembrança dos seus fundamentos. A noção de vocação como fim em si e dever remete ao "chamamento" (*Berufung*) divino para o desempenho de uma obrigação sagrada, a qual, na versão utilitarista de Franklin, foi despersonalizada e abstraída. O esforço genético de Weber indica de que forma podemos perceber as afinidades eletivas entre o espírito do capitalismo e a ética protestante, na medida em que este último contribui decisivamente para uma redefinição do mundo do trabalho segundo o princípio do desempenho.

No entanto, o espírito do capitalismo influi não apenas no mundo do trabalho ou na economia em sentido estrito, mas também

---

[91] *Idem*, p. 117.

contribui de forma importante para a reificação da vida em geral. Trata-se aqui, no sentido forte do termo, de uma "recriação" do mundo na medida em que uma nova "racionalidade", especificamente ocidental como iremos ver, passa a permear todas as esferas de atividade humana. Nesse sentido, há que apenas concordar com a opinião de Schluchter de que o significado cultural da ética protestante para a modernidade ocidental deve ser considerado antes no favorecimento por parte desta de um "espirito da reificação" do que de um "espírito do capitalismo".[92] Como iremos ver a seguir, este deslocamento de perspectiva irá desempenhar um papel central na crítica da recepção por Habermas de Weber.

Causas da reificação vê Weber, antes de tudo, na essencial não-fraternidade do caminho da salvação do protestantismo ascético e na suspeita de divinização das criaturas em toda doação de valor para relações humanas, levando ao que se poderia chamar de "dominação da impessoalidade". As relações intersubjetivas entre os sujeitos perdem, crescentemente, a sua característica emocional e, com isso, a própria peculiaridade das relações entre homens.

> *Qualquer relação puramente emocional – isto é, não motivada racionalmente – baseada em uma relação pessoal de um homem com outro facilmente cai na ética puritana, assim como em qualquer outra ética ascética, na suspeita de idolatria da carne. Em adição ao que foi dito, isto é mostrado bastante claramente no caso da amizade pela seguinte advertência* "It is an irrational act and not fit for a rational creature to love any one farther than reason will allow us... It very often taketh up men's minds so as hinder their love to God" *(Baxter: Christian Directory, IV, p. 235). Encontramos repetidas vezes tais argumentos.*[93]

---

[92] SCHLUCHTER, Wolfgang.1979, p. 229.

[93] WEBER, Max.1947 I, p. 98-9.

A reificação e a consequente atitude instrumental em relação a si e, aos outros e à natureza são resultados da subordinação de todos os valores em relação ao serviço a Deus. O decisivo aqui é que a reificação irá não só preencher as condições para o aparecimento de uma nova concepção "desencantada" do mundo, mas também de uma nova forma correspondente de consciência na medida em que favorece o isolamento individual e a necessidade do reconhecimento, para qualquer ação com pretensão de sucesso, das leis que regem o mundo. Como iremos ver a seguir, são exatamente essas duas consequências não desejadas da ética protestante que fornecem a base para a compreensão de Weber da ética da responsabilidade como a ética secular adequada ao seu tempo: o isolamento individual como pré-condição do individualismo ético entendido como reação contra a atitude meramente instrumental; e o reconhecimento das leis mundanas como estímulo para o conhecimento das condições de toda ação prática.

A concepção de mundo teocêntrica e dualista é desvalorizada pela absolutização do ponto de partida do racionalismo da dominação do mundo motivado religiosamente, o que expressa o caráter autodestrutivo da ética protestante. O mesmo mundo que foi "encantado" através do simbolismo vem a ser, por força da necessidade do reconhecimento das leis específicas que o regem, desencantado. Nesse contexto são possíveis duas atitudes fundamentais de conformidade com as novas condições da época:[94] os homens exclusivamente interessados no sucesso, seja sob a forma de poder ou dinheiro e aqueles que procuram encontrar

---

[94] A religião não desaparece simples e automaticamente no desenrolar desse processo. Ela vive, agora como antes, da carência e das limitações impostas a capacidade interpretativa humana no seu sentido mais geral, as quais não podem ser sanadas pela ciência nem por esquemas de interpretação de fundo secular. Entretanto, como consequência do desencantamento do mundo, a religião encontra-se na defensiva, sendo apenas uma alternativa entre outras de paradigma interpretativo.

um equilíbrio entre sucesso e convicção ética. Esta última atitude só é possível para as existências que buscam definir-se na tensão entre o ser e o dever ser e entre a rejeição do mundo e o reconhecimento da legalidade própria do mundo desencantado. As conduções da vida que privilegiam apenas a atitude orientada ao sucesso são precisamente os "últimos homens", no sentido nietzschiano do termo apropriado por Weber, que renunciam a qualquer fundamentação ética para suas ações,[95] os quais, nas palavras de Schluchter, promovem uma *dominação inconsciente* do mundo.[96] Uma atitude *consciente* de dominação do mundo exige a elaboração reflexiva da tensão, típica para as formas de consciência peculiares da concepção de mundo moderna nos termos de um imanente dualismo entre orientação para o sucesso e atitude ética, ou seja, uma mistura bem temperada entre sucesso e moralidade. Trata-se, aqui, da necessidade típica de um antropocentrismo dualista, ou seja, que mantenha a tensão entre ser e dever ser, de reconhecer o conteúdo ético da problemática do autocontrole e da dominação do mundo e de pautar seu comportamento de acordo com essa dualidade necessariamente instável.

A partir da destruição da concepção de mundo dualista-teocêntrica temos, como única possibilidade de atitude ética, a condução consciente da vida como personalidade, a qual pressupõe a necessidade de escolhas morais e ações meditadas que levam em conta as suas consequências na realidade.[97] Desse modo, a antropodiceia pressupõe uma *antropologia*, a qual, segundo Dieter Henrich, incorpora uma doutrina do homem como ser racional. Racionalidade significa aqui o imperativo de qualquer existência humana de tornar-se uma personalidade na medida em que a corrente

95 WEBER, Max. 1947, I, p. 204.
96 SCHLUCHTER. Wolfgang. 1980, p. 36.
97 HENRICH, Dieter. 1950, p. 202.

de decisões últimas que dá, em última instância, o sentido da individualidade de uma vida, passa a ser conscientemente executada e mantida.[98] Os "últimos homens", no sentido usado por Weber na "ética protestante", são, ao contrário, aqueles que renunciam à escolha dos valores que regem a própria vida, abdicando em suma à autodeterminação, praticando uma crua acomodação aos estímulos pragmáticos exteriores.[99] A nova concepção dualista do mundo, típica da modernidade desencantada, renuncia à noção de um além, o que justifica sua designação de *imanente*. Para Henrich, o homem que perde sua ligação orgânica com motivos religiosos só pode encontrar os *seus* ideais dentro do "próprio peito".[100] A concepção de mundo moderna continua dualista, na visão de Weber, precisamente pela permanência do confronto entre um mundo da causalidade natural e um mundo "postulado" de uma causalidade compensatória de fundo ético. No entanto, ao contrário do dualismo anterior, religiosamente motivado, temos agora um dualismo imanente,[101] já que o mundo da realidade ética postulada é pelo próprio homem desenvolvido, acarretando, consequentemente, uma *responsabilidade* bastante peculiar com respeito à esfera ética.

Com a reificação do mundo, como consequência do processo de desencantamento ou "desmagificação" (*Entzauberung*), temos a perda da capacidade de convencimento das éticas materiais de fundo religioso e o aparecimento das pré-condições indispensáveis para o individualismo ético. A transição para o individualismo ético fundamenta, inclusive, a forma peculiar da autoconsciência ocidental e, com isso, o significado específico do seu desenvolvimento cultural, cujo aparecimento deve-se

---

[98] *Idem*, p. 205.
[99] *Idem*, p. 200.
[100] *Idem*, p. 206.
[101] SCHLUCHTER, Wolfgang 1980, p. 35-6.

decisivamente, entre outros fatores, ao poder reificador da mensagem protestante.

> *O desempenho civilizatório específico do racionalismo ocidental moderno foi o desencantamento do mundo. Esse ponto implica a atualização mais consequente, até aqui na História, do conflito valorativo. Uma forma de consciência que, já nos inícios do racionalismo ocidental, encontrava-se formulada no contexto da concepção de mundo helênica e que acompanhou o homem de forma latente desde que ele começou a simbolizar foi, na constelação do racionalismo ocidental moderno, definitivamente a descoberta e radicalizado... Com isso, o aparecimento e desenvolvimento do racionalismo ocidental moderno parece representar, para Weber, uma ruptura de princípio na forma da consciência, ou seja, um* desenvolvimento *das formas de consciência, correspondendo por sua vez, ao nível das concepções do mundo, a* um desenvolvimento *também dessas últimas. No lugar dos deuses pessoais temos agora os poderes impessoais.*[102]

Na recepção habermasiana da teoria da racionalização da sociedade ocidental em Max Weber, temos um descuramento de aspectos essenciais, discutidos anteriormente, da racionalização valorativa (*Wertrationalisierung*) de modo que tanto o diagnóstico da época quanto as perspectivas terapêuticas weberianos são analisados de forma amplamente insuficiente.

Na sua, reconstrução do racionalismo ocidental, considerou Max Weber todos os aspectos da divisão da sociedade, que desde Parsons tornou-se um lugar-comum na sociologia, em sociedade, cultura e personalidade. A capacidade de racionalização de cada um desses aspectos a partir de um ponto de partida comum reflete a especificidade do racionalismo ocidental enquanto tal. A capacidade explicativa desse prisma múltiplo foi, sem dúvida, uma das razões da escolha, por Habermas, de Weber

---

[102] *Idem*, 1979, p. 35.

como um interlocutor privilegiado. De fato, Habermas aproveita *todos* os resultados mais importantes da investigação weberiana em cada um desses campos: a) em relação à sociedade em sentido estrito, a diferenciação das esferas de ação racionalizadas formalmente da economia e da política; b) com relação à cultura, a diferenciação dos momentos da razão: a dimensão cognitiva, prático-moral e estético-expressiva; e c) finalmente, com respeito à personalidade, o processo de individuação.

Nesse contexto, no entanto, Habermas considera que apenas a racionalização *societária* assume para Weber o caráter de problema a ser explicado.[103] Apenas ela assumiria, dentro do quadro geral da teoria weberiana, a característica de *explanadum*.[104] Dessa forma, os aspectos da racionalização cultural – e dentro desta especialmente a racionalização valorativa – e da racionalização da personalidade foram degradados, na recepção habermasiana, a meros *pressupostos* da racionalização societária.

A racionalização valorativa em Weber é tratada por Habermas dentro dos limites da racionalização ético-religiosa (*religiöser Ethisierung*). Esse autor lê a ética protestante exageradamente, com vistas ao favorecimento do espírito do capitalismo às custas dos efeitos reificadores da "ética da não fraternidade", como mediador da racionalização valorativa secular, o que reduz decisivamente a abrangência da teorização weberiana e desconsidera a discussão de uma ética secular em Weber com todas as suas consequências.[105] Que Habermas, na realidade, confunde ética da convicção e ética da responsabilidade e considera, erroneamente, a orientação baseada na ética da convicção do protestantismo ascético como o produto superior de toda a

---

[103] HABERMAS, Jürgen. 1987,1, p 236.

[104] *Idem*, p. 228.

[105] Apesar de Habermas tratar a ética da responsabilidade como "ética", ele não retira disso nenhuma consequência para a discussão de uma ética secular em Max Weber. Ver idem, p. 251-317.

racionalização ética para Max Weber mostra, inequivocamente, por exemplo, a seguinte citação:

> *A conexão da ação racional com respeito a fins e da ação racional com respeito a valores produz um tipo de ação que cumpre todas as condições da racionalidade prática. Quando pessoas e grupos generalizam estas ações ao longo do tempo e de esferas sociais, fala Weber de uma condução de vida metódico racional. E ele vê na ascese profissional do calvinismo e das antigas seitas puritanas a primeira aproximação histórica desse tipo ideal.*[106]

A ética protestante seria, nesse sentido, a única aproximação histórica do tipo ideal desenvolvido por Habermas que abrange as duas formas de racionalidade e, com isso, exprimiria não apenas uma particularidade cultural mas, antes disso, uma pretensão de universalidade:

> *Brentano se pergunta sobre a consistência interna de uma forma de vida que Weber considera a forma mais típica em que historicamente adquire pela primeira (e única) vez estabilidade e continuidade o tipo complexo de ação que reúne sistematicamente a racionalidade com respeito a meios, fins e valores. Esse modo metódico de condução da vida representa, segundo Weber, uma forma de vida que materializa simultaneamente três aspectos universais da racionalidade prática e que, portanto, não expressa apenas uma peculiaridade cultural.*[107]

De forma consequente, deduz Habermas que a vinculação da consciência moral com o interesse de salvação em Weber seria imprescindível para a manutenção do primeiro:

---

[106] *Idem*, p. 245.

[107] *Idem*, p. 260.

A explicação desse padrão autodestrutivo de racionalização social é insatisfatória, posto que Weber não demonstra que uma consciência moral regida por princípios apenas pode sobreviver em contextos religiosos. Ele teria que explicar por que a inserção de uma ética regida por princípios em uma religião de salvação, por que a conexão entre consciência moral e interesse soteriológico é tão indispensável para a manutenção *da consciência moral, como ela sem dúvida foi, sob o aspecto genético, para o* apareci-mento *desse nível de consciência moral.*[108]

Nessa discussão, Habermas parece desconsiderar a tentativa de Weber, especialmente com os discursos sobre a política e a ciência como vocação, de fundamentar a ética da responsabilidade como a única ética adequada ao tempo. Karl Jaspers, Dieter Henrich e Wolfgang Schluchter procuraram reconstruir e conferir alguma sistematicidade às observações esparsas de Max Weber a esse respeito, com o intuito, antes de tudo, de desfazer o engano muito comum que confundia ação ética responsável no sentido weberiano com a ação meramente estratégica.[109] A discussão da ética da responsabilidade como "ética do tempo" irá ser um dos nossos temas principais no último capítulo. Aqui, gostaria apenas de antecipar algumas observações sobre a vinculação entre a racionalidade valorativa e estratégica (racional com respeito a fins). A vinculação entre a ação racional com respeito a fins e a ação racional com respeito a valores é levada a cabo de forma consequente apenas na ética da responsabilidade secular. Apenas aqui podemos falar de uma ligação orgânica entre racionalidade com respeito a fins, ou seja, a preocupação com o *sucesso* de uma ação, e a ação racional com respeito a valores, ou seja, a imaginação de

---

[108] *Idem*, p. 315.
[109] Ver JASPERS, Karl. 1988, p. 94 e seguintes: HENRICH, Dieter. 1950 e SCHLUCHTER, Wolfgang. 1988, I, parte II.

um *dever* como guia da ação.[110] A transitoriedade estrutural da ética protestante tem, inclusive, sua razão de ser no paradoxo das consequências, ou seja, nas consequências inintencionais das ações, ao qual sucumbem todas as éticas de convicção puras. Precisamente para evitar essa irracionalidade ética do mundo, faz-se necessária a preocupação com as consequências da ação eticamente orientada de modo a criar uma relação entre os valores que servem de guia para a ação com o conhecimento acerca da realidade. A vinculação com o sucesso (*Erfolgsbezogenheit*) da ação prático-moral não deve ser confundida com a orientação para o sucesso (*Erfolgsorientiertheit*) típica da ação prático-técnica.[111] Nesse sentido, existe apenas para o ético por responsabilidade uma responsabilidade *dupla* que abrange tanto a racionalidade com respeito a fins quanto a valorativa.

Não apenas a racionalização valorativa é interpretada unilateralmente por Habermas, mas também o processo de individuação. A condução de vida metódica é examinada, da mesma forma que a racionalização valorativa, apenas como uma pré-condição histórica do aparecimento do capitalismo.[112] Também os aspectos estético-expressivos do conceito weberiano de personalidade são questionados exclusivamente como fenômenos secundários.[113] Mais tarde, ambos os aspectos parciais são analisados no contexto da discussão do conceito de personalidade weberiano como um todo mas, também aqui, apenas nos seus aspectos negativos de especialista sem espírito e homem do prazer sem coração.[114]

Na medida em que tanto a racionalização valorativa quanto to o processo de individuação são analisados exclusivamente

---

[110] WEBER, Max. 1947, I, p. 33.

[111] SCHLUCHTER, Wolfgang. 1988,1, p. 254.

[112] HABERMAS, Jürgen. 1987, I, p. 234.

[113] Idem, p. 231.

[114] Idem, p. 477-8.

como meros fatores do processo de racionalização societária, não deve causar surpresa o fato de que Habermas, na longa tradição da Escola de Frankfurt nesse particular, interpreta Max Weber como teórico da racionalidade instrumental por excelência. Eu irei tentar, no capítulo final, reconstruir os aspectos *positivos* da noção weberiana de personalidade para, nesse contexto, defender a tese de que uma apreciação mais exata tanto da racionalização valorativa quanto do conceito de personalidade podem possibilitar um acesso a *outras* questões importantes para a modernidade não considerados por Habermas.

O DESENVOLVIMENTO OCIDENTAL PARA JÜRGEN HABERMAS

A Crítica do Marxismo Ocidental

No começo deste século, os pressupostos da análise marxista do capitalismo tornavam-se crescentemente incapazes de convencimento. Antes de tudo, tanto o progresso tecnológico quanto a produtividade crescente não parecem propiciar e estimular a emancipação política como pensava Marx. O contrário parece ser a verdade, visto que a auto-organização do proletariado, a qual deveria elevá-lo à condição de sujeito consciente contra a exploração capitalista, na verdade contribuiu decisivamente para a estabilização do capitalismo.

Enquanto em todas as nações do capitalismo avançado consumava-se um compromisso entre o capital e o trabalho, temos na realidade apenas nos países periféricos de menor desenvolvimento industrial, como um caminho supostamente mais curto para a industrialização, o passo em direção ao socialismo (burocrático). Assim sendo a conexão produzida por Marx entre as condições objetivas e subjetivas da revolução é virada por assim dizer ao avesso.

Em posição diametralmente oposta defende Max Weber a tese de que a utilização da técnica e da ciência no mundo racionalizado segundo padrões formais da economia não está de forma alguma ligada à emancipação da espécie. Ao contrário, técnica e ciência agem na realidade, antes de tudo, como forças de controle da natureza, da vida social intersubjetiva e, finalmente, como agentes cerceadores do espaço de ação individual.

Esta tendência, que abrange todas as esferas sociais, no sentido de um processo gradativo de perda e de cerceamento da liberdade, confere precisamente o sentido da interpretação da modernidade ocidental para Max Weber como uma "prisão de ferro". Sem dúvida, esta "nova escravidão" está relacionada a uma "nova liberdade".[115] Esta última assume, no entanto, traços marcadamente heroico-voluntaristas - que serão objeto de nossa atenção mais tarde os quais estão na mais radical oposição em relação aos pressupostos ideológicos e deterministas do marxismo.

A leitura da modernidade ocidental levada a cabo por Weber era, como vários neomarxistas passaram crescentemente a reconhecer, mais promissora do que a marxista, especialmente quando o que estava em jogo eram as modificadas relações típicas do capitalismo tardio. A versão que nos interessa do assim chamado "marxismo ocidental" caracteriza-se exatamente pela tentativa de unir a interpretação mais adequada de Max Weber das condições do capitalismo tardio, através de uma leitura que mantinha as categorias, mais ou menos modificadas, da crítica da economia política, com o escopo marxista de um conceito enfático de emancipação política. As aporias da assim chamada teoria crítica da sociedade demonstram que essas tentativas estavam destinadas ao fracasso.

Georg Lukács foi o primeiro que de forma convincente e consequente procurou encontrar uma mediação entre a crítica da economia política e a crítica da razão instrumental. Já no início do texto "A reificação e a consciência do proletariado",

---

[115] HENRICH, Dieter. 1988, p. 169.

mostra Lukács como ele pretende unir Marx e Max Weber. A verdade do capitalismo encontra-se no caráter misterioso da estrutura da mercadoria. Entretanto a categoria mercadoria precisa ser generalizada para possibilitar a apreensão da estrutura do capitalismo em toda a sua extensão e profundidade.[116] As teses weberianas da racionalização e da burocratização proporcionam a Lukács, sob a manutenção das categorias fundamentais da crítica da economia política, o meio que irá permitir o desmascaramento do fetichismo da mercadoria como o fenômeno mais geral da sociedade capitalista.

Ao contrário de Weber, percebe Lukács "como bom materialista", a reificação como um fenômeno especificamente capitalista e de início restringido apenas à esfera econômica, a qual, no decorrer do seu desenvolvimento, passa a abranger todas as esferas da vida. A reificação, como resultante da relação mercadoria, atinge apenas no capitalismo, através da implantação da forma mercadoria como a categoria universal por excelência que marca o conjunto das relações capitalistas, um significado decisivo tanto para o desenvolvimento objetivo da sociedade quanto para o comportamento dos homens em relação a ela, entre si mesmos, e, finalmente, com relação à própria natureza interna e externa.

> *Foi o capitalismo que pela primeira vez produziu, com uma estrutura econômica unificada para toda a sociedade, uma estrutura de consciência – formalmente – unitária para o conjunto da sociedade. E esta estrutura unitária exprime-se, justamente, pelo fato dos problemas da consciência relativos ao trabalho assalariado se repetirem na classe dominante, refinados, espiritualizados, mas também, por isso mesmo, exacerbados. ... E não há, em conformidade com a natureza, qualquer forma da relação dos homens entre si, qualquer possibilidade para o homem fazer*

---

[116] LUKÁCS, Georg. 1988, p. 170.

valer as suas "propriedades" físicas e psicológicas, que não esteja submetida a esta forma de objetividade.[117]

Lukács utiliza de forma consequente algumas significativas afinidades entre Marx e Max Weber que se tomam evidentes a partir tanto de apropriações tópicas, como nas análises weberianas da racionalização formal das relações de dominação seguindo as investigações marxistas na esfera da economia, como também por afinidades mais profundas e de grande alcance entre racionalização formal em Max Weber e fetichismo da mercadoria em Marx. Os dois últimos fenômenos acarretam para ambos os autores uma determinação heterônoma do comportamento do homem moderno, cuja lógica não é transparente de forma imediata para os envolvidos. O princípio da calculabilidade, o qual é definido por Lukács como o princípio por excelência da sociedade reificada,[118] significa tanto para Marx como para Weber a expressão de uma racionalidade onipresente e independente dos atores envolvidos, a qual é percebida por estes como algo externo e coercivo, como uma "segunda natureza", contra a qual os indivíduos enquanto tais são impotentes.

Entretanto, por mais interessantes e estimulantes que sejam, as suas afinidades, as diferenças não se deixam esconder. Em Lukács percebemos pela primeira vez as consequências aporéticas da união de pontos de partida teóricos tão diversos quanto os de Karl Marx e Max Weber como um sinal de sua incompatibilidade radical. Essas dificuldades iremos reencontrar com outros acentos na recepção desses dois autores na assim chamada teoria crítica da sociedade. A razão profunda da aporia parece-me localizar-se antes de tudo no fato de que a síntese teórica de Marx e Weber, sendo Weber assimilado invariavelmente como teórico da racionalidade instrumental, leitura cuja parcialidade nos caberá criticar no capítulo posterior,

---

[117] *Idem*, p. 193-4.

[118] *Idem*, p. 177, 182,189.

oferece sem dúvida uma interpretação mais adequada do capitalismo tardio, mas, ao mesmo tempo, leva à ideia de uma ideologia totalizante. Essa última consequência dificilmente deixa-se unir com a enfática esperança de emancipação do marxismo.

Lukács procura contornar as dificuldades comentadas primeiramente como "bom hegeliano", através de um salto para trás cm direção ao idealismo objetivo:

> *Lukács toma de Hegel o conceito de totalidade de uma vida organizada racionalmente e o utiliza como critério da irracionalidade da racionalização social. Com este recurso a Hegel, Lukács, ainda que implicitamente, pretende desmentir a afirmação central de Weber de que com a dissociação das esferas culturais de valor, cada uma dotada de lógica própria, temos a destruição definitiva da unidade metafísica da razão, a qual não pode mais ser refeita sequer dialeticamente.*[119]

Por outro lado, argumenta como "bom marxista" na medida em que prefere acreditar no efeito fragmentador das consciências, supostamente atributo das crises econômicas:

> *Esta racionalização do mundo, que é aparentemente total e penetra até ao mais fundo do ser físico e psíquico do homem, é porém limitada pelo caráter formal da sua própria racionalidade. ...Esta incoerência manifesta-se mais cruamente nas épocas de crise cuja essência (encarada do ponto de vista de nossas atuais considerações) consiste exatamente em que a continuidade imediata da passagem de um sistema parcial a outro se desloca, enquanto a independência de uns em relação aos outros, o caráter contingente das relações entre eles, se impõem subitamente à consciência de todos os homens.*[120]

---

[119] HABERMAS. Jürgen.1987, I, p. 476-7.
[120] LUKÁCS, Georg. 1988, p. 195.

Com certeza a tese lukacsiana da reificação não é um fim em si. Lukács procura fundamentar o lugar privilegiado do proletariado nesse processo, o que é alcançado somente a partir da complementação da tese da reificação através de uma teoria da consciência de classe. Ainda que a reificação seja um fenômeno abrangente que diz respeito tanto à burguesia quanto ao proletariado, temos na argumentação lukacsiana a tese de que a percepção desses fenômenos é prejudicada, no caso da burguesia, pela *aparência objetiva* que cria a ilusão, para os membros dessa classe, de que eles não são apenas objetos, mas também sujeitos do processo social. Para o proletariado, ao contrário, "não existe essa duplicação do seu ser social. Ele aparece mesmo como mero *objeto* do fenômeno social",[121] e ainda:

> ... *a negação puramente abstrata na existência do operário não é, portanto, apenas a forma fenomenal objetivamente mais típica da reificação, o modelo estrutural da socialização capitalista; é também,* subjetivamente, *e por esta razão, o ponto em que essa estrutura se pode elevar a consciência e ser objetivamente destruída.*[122]

No texto "Notas metodológicas sobre a questão da organização", do mesmo ano, concilia Lukács o ponto de vista do proletariado com o conceito leninista autoritário de partido. Assim, temos o partido comunista como "expressão autônoma da consciência de classe proletária".[123] A crítica da razão instrumental vai ser continuada na pessoa dos arautos da Escola de Frankfurt, Theodor W. Adorno e Max Horkheimer, a partir da recepção lukacsiana das teses de Max Weber A "dialética do

---

[121] *Idem*, p. 291.

[122] *Idem*, p. 301.

[123] *Idem*, p. 500.

esclarecimento", a obra-prima dos dois autores, representa, no entanto, um peso da influência weberiana em desfavor da marxista ainda maior comparativamente a Lukács. Ao inverso de Lukács defendiam tanto Horkheimer quanto Adorno:

> *...que a transformação da crítica da economia política em crítica da razão instrumental espelhava a transformação do capitalismo liberal no capitalismo organizado; conjuntamente admitiam esses autores que com a constituição do capitalismo organizado estava criado um universo fechado de uma "razão instrumental" ou de uma "racionalidade unidimensional", o qual ameaça, a o impulso emancipatório das massas enquanto tal. Dessa forma, a emancipação política das massas não seria mais uma consequência lógica das contradições do capitalismo, mas, ao contrário, teria que ser conquistada* contra *a lógica interna do desenvolvimento capitalista.*[124]

Além disso, generalizam os dois autores a categoria da reificação num sentido decisivo. A exemplo de Weber, a problemática da reificação, assim como a da racionalização societária, são compreendidas num contexto bem mais amplo do que o do aparecimento histórico do capitalismo. Ao invés da derivação materialista lukacsiana da reificação a partir da análise da forma mercadoria, temos com esses autores uma "reinterpretação idealista" do conceito de reificação, o qual remete agora a uma racionalidade instrumental ancorada nos fundamentos antropológicos da espécie.[125]

Nesse contexto, o conceito lukacsiano de rei ficção é não apenas *temporalmente* mas também *tematicamente* ampliado na medida em que tanto a autopreservação da espécie quanto a repressão da natureza instintiva obedecem à mesma lógica da

---

[124] WELLMER, Albrecht. 1977, p. 480.
[125] HABERMAS, Jürgen. 1987, I, p. 507

dominação.[126] A dominação da natureza exterior pressupõe a dominação da natureza interna a serviço da autopreservação. Mais ainda, até a própria condição de possibilidade da constituição do eu é percebida como uma consequência do controle bem-sucedido da natureza externa:

> *... o despertar do sujeito tem por preço o reconhecimento do poder como o princípio de todas as relações. Em face da unidade de tal razão, a separação de deus e do homem reduz-se àquela irrelevância que inabalável, a razão assinalava desde a crítica de Homero. Como soberanos da natureza, o deus criador e o espírito ordenador se igualam. A imagem e semelhança divinas do homem consistem na soberania sobre a existência, no olhar do senhor, no comando.*[127]

As relações coercitivas típicas do capitalismo são percebidas, nesse sentido, apenas como a feição moderna de uma desde sempre existente reificação. A dialética do esclarecimento expressa precisamente a convicção de que a ideia do esclarecimento como agente propulsor por excelência do desencantamento do mundo seria uma quimera. Mal libertos da ilusão da força dos poderes sobrenaturais passamos a criar uma outra ilusão, dessa vez bem menos transparente: o próprio esclarecimento.[128] No pensamento esclarecido habitaria uma racionalidade "pérfida", reificadora, dirigida exclusivamente ao sentido da dominação. A história da espécie é desmascarada como uma alienação sem descontinuidades, antes como natureza encantada e depois como desencantamento contra a natureza.

---

[126] *Idem*, p. 508.

[127] HORKHEIMER, Max e ADORNO, Theodor. 1986, p. 15.

[128] *Idem*, p. 12.

A essência do esclarecimento é a alternativa que torna inevitável a dominação. Os homens sempre tiveram que escolher entre submeter-se à natureza ou submeter a natureza ao eu. Com a difusão da economia mercantil burguesa, o horizonte sombrio do mito é aclarado pelo sol da razão calculadora, sob cujos raios gelados amadurece a sementeira da nova barbárie. Forçado pela dominação, o trabalho humano tendeu sempre a se afastar do mito, voltando a cair sob o seu influxo, levado pela mesma dominação.[129]

Essa interpretação trágica do processo de desencantamento do mundo, fortemente inspirada por Max Weber, leva a uma crítica desesperançada da modernidade. A dialética do esclarecimento despede-se do otimismo marxista que concebia a razão instrumental como uma força libertadora. Na medida em que a razão instrumental aceita como o preço da dominação da natureza externa o controle repressivo da natureza interna, torna-se até a própria crença lukacsiana em um "limite interno" para a racionalização segundo padrões formais obsoletas visto que o impulso emancipatório é destruído "por dentro".

Para escapar à estrutura circular da crítica totalizadora os autores são obrigados à construção paradoxal de uma razão - desde sempre instrumental — anterior a razão. Para Habermas essa tentativa, a qual representaria no fundo um esforço no sentido de complementar a concepção unitária da razão em Hegel com a tese do desencantamento weberiano mantendo ainda um critério de crítica da racionalidade instrumental, significa uma recaída no misticismo.

No lugar desta razão originária, desviada da sua intenção de descobrir a verdade, descobrem Adorno e Horkheimer uma faculdade, a mimesis... O paradoxo no qual se envolve a crítica

---

[129] *Idem*, p. 38.

da razão instrumental e que resiste tenazmente até à dialética mais flexível, reside no fato de que Horkheimer e Adorno teriam que desenvolver uma teoria da mimesis, a qual seria impossível segundo seus próprios conceitos. Assim, é apenas consequente que eles procurem explicitar a "reconciliação universal", não mais como Hegel enquanto uma unidade da identidade e da não-identidade do espírito e da natureza, mas, sim como uma espécie de "mensagem cifrada", quase nos termos de uma filosofia da vida. Uma ideia como essa deixa-se circunscrever, de qualquer modo, nos termos das imagens da mística judaico-cristã. Já a fórmula do jovem Marx acerca do contexto dialético entre uma humanização da natureza com uma naturalização do homem aponta já para essa mesma tradição.[130]

Habermas vê-se a si próprio como um continuador do programa da Escola de Frankfurt sem, no entanto, partilhar dos pressupostos que serviram de base para a construção teórica dessa escola.[131] Para ele, a assim chamada teoria crítica da sociedade, incluindo-se nessa rubrica tanto Marx quanto Lukács, fracassou na tentativa de explicitar os seus próprios fundamentos normativos.[132] Desde a crítica da economia política até a crítica da razão instrumental a teoria crítica perdeu a oportunidade de elaborar um conceito da possibilidade da emancipação o qual estivesse infenso, por um lado, das premissas da filosofia da história e, por outro, da escatologia.

O desafio herdado por Habermas do marxismo ocidental passa a ser unir Marx e Weber de tal forma que a pretensão de emancipação enfática do primeiro entre em acordo com o "mais adequado" diagnóstico da época do segundo. Esse objetivo exige uma crítica profunda em ambas as teorias, mostrando, além disso, a importância do diálogo com Max Weber.

---

[130] HABERMAS. Jürgen. 1987 I, p. 512-3.

[131] *Idem*, p. 518.

[132] *Idem*, p. 500.

Habermas, assim como Adorno ou Horkheimer, aceita fundamentalmente as consequências da tese da racionalização weberiana, especialmente em relação à diferenciação dos aspectos da razão. Contra Lukács ele nega a possibilidade de uma fundamentação metafísica da unidade da razão. Já no confronto com Adorno, considerado por ele o pensador mais consequente da Escola de Frankfurt, *rebela-se* Habermas contra a perspectiva trágica que Adorno compartilha com Max Weber. Habermas censura antes de tudo dois aspectos da teoria adorniana:

> *Eu acredito que a teoria crítica na sua forma mais consequente já não pode mais referir-se a qualquer forma de análise empírica ou sequer de análise discursiva de fenômenos sociais. ... Ao nível da teoria política, os antigos frankfurtianos jamais levaram a democracia burguesa muito a sério.*[133]

Trata-se aqui da superação da negação meramente abstrata da diagnose da época weberiana. A pura negação abstrata do dado, como ocorre na obra de Adorno, rompe irremediavelmente os laços com a ciência experimental e por isso deve ser superada. Alberecht Wellmer mostrou que a negação da razão instrumental através de uma síntese estética não representa uma alternativa convincente para uma nova sociabilidade entre os homens.

> *However, "instrumental" and "aesthetic" rationality, although they signify different types of orientations, of discourse, of production, of acting, and of thinking, cannot possibly signify alternative forms of social integration. More importantly, the aesthetic synthesis represented by the work of art, even if we concede to Adorno that it contains a* promesse de bonheur, *can hardly*

---

[133] HABERMAS, Jürgen. 1985b, p. 172.

be understood as a model of dialogical relationship between
*individuais, who recognize each other in their individuality, as
equals and as absolute others both at the same time. If beauty is
a promise of happiness, of reconciliation with our internal and
with external nature, the work of art would be a* medium *of
this transcending experiente rather than a* model *of reconciliation itself. For at least* the moral *"synthesis" of a dialogical
relationship can only be* mediated, *but not be brought to* appe-
arance *by the aesthetic synthesis of the work of art. Even if as
Adorno stresses, the subject, which comes to speak in the work
of art, is a "we" (and not the individual artist), this collective
subject speaks with one voice, speaking to itself, as it were; i.
e., the rules of "synthesis" of this transubjective speech cannot
possibly prefigure the open rules of a dialogue with* many *voices.
Aesthetic synthesis is not a possible model for a state of society
free from repression.*[134]

Habermas tem que evitar na sua aproximação com Max Weber,
ao contrário de Adorno, o perigo de ser ofuscado, visto que
ele pretende tanto manter o conceito enfático de emancipação
quanto superar as aporias decorrentes das premissas da filosofia
da história. Este objetivo é perseguido pelo nosso autor na medida em que procura, por um lado, a apropriação de aspectos
essenciais da tese da racionalização weberiana, especialmente
quanto à inevitabilidade da diferenciação dos aspectos da razão,
e, por outro lado, pela tentativa de formulação de um conceito
de razão *procedural* o qual permita a mediação entre unidade e
diferenciação.

---

[134] WELLMER, Albrecht. 1986, p. 49.

Da Crítica da Razão Instrumental à Crítica da Razão Funcionalista

Bem dentro da tradição do marxismo ocidental a relação de Habermas com Weber é marcada por ambiguidades fundamentais. Por um lado Habermas elogia, antes de tudo, a tentativa weberiana de apreender o processo de modernização europeu como um fenômeno histórico-universal sem apoiar-se nas pressuposições do evolucionismo clássico ou da filosofia da história.[135] Nesse sentido, a teoria da racionalização weberiana não pertenceria à herança especulativa a qual a sociologia como ciência deve afastar-se.[136]

Weber teria superado a herança especulativa da sociologia em quatro sentidos: primeiro, teria ele privilegiado as relações de sentido ao invés dos mecanismos evolucionários dos sistemas sociais a partir do exemplo das ciências sociais (ainda que isso, sempre na visão de Habermas, tivesse evitado a proposição de uma forma mais refinada de funcionalismo sistêmico); segundo, teria Weber, através da influência do neokantianismo, sabido evitar o naturalismo ético (assim como o cognitivismo ético); terceiro, teria esse autor ainda defendido um universalismo "cuidadoso", na medida em que ele não pretendeu encontrar processos de racionalização apenas no Ocidente (apesar de apenas a racionalização ocidental apresentar os traços típicos e demarcadores da modernidade); e, finalmente, teria Weber rompido com a crença do esclarecimento de que técnica e ciência são instrumentos de libertação da humanidade. Com base nesses aspectos, teria Weber conseguido um ponto de partida teórico baseado na ciência experimental, sem tomar-se presa de um reducionismo empiricista,

---

[135] HABERMAS, Jürgen.1987 I, p. 207.
[136] *Idem*, p. 209.

para o estudo da gênese e desenvolvimento da modernidade ocidental.[137]

Apesar de toda concordância, no entanto, mantém-se Habermas fiel à crítica que havia inspirado Lukács, Marcuse, Adorno e Horkheimer: que Weber ter-se-ia deixado guiar pela ideia redutora da racionalidade formal com respeito a fins na análise do processo de racionalização ocidental às custas de uma ideia mais abrangente de racionalização societária.[138] Se nos lembrarmo-nos das páginas anteriores dedicadas à exposição da trajetória da crítica da razão instrumental, torna-se patente o vínculo de continuidade, quanto aos objetivos pelo menos, com os "velhos" da teoria crítica: Habermas pretende através do diálogo com Max Weber remir a "hipoteca" do marxismo ocidental. Habermas propõe a si próprio a tarefa de reelaborar a interpretação de Weber da passagem da sociedade tradicional para a moderna num aspecto decisivo: de tal modo que a *possibilidade* da solidariedade na sociedade moderna torne-se transparente a partir de uma análise imanente.

Eu vejo precisamente a contribuição de Habermas para a renovação do paradigma da teoria crítica da sociedade nessa ligação entre um ponto de partida teórico sem vínculos com as premissas da filosofia da história, segundo o exemplo weberiano, e um conceito enfático de emancipação ou seja, de um conceito que se guia pela ideia regulativa de uma vida social isenta de relações de dominação injusta. Ele alcança esse objetivo, antes de tudo, pela consideração abordados na T.A.C. sob a palavra-chave da "linguisticalização do sagrado" — de processos de aprendizados morais e políticos, os quais passaram despercebidos por Max Weber, e, ao serem defendidos por movimentos sociais importantes na passagem da sociedade tradicional para a moderna, lograram obter, pelo menos de forma incipiente, eficácia real.

---

[137] *Idem*, p. 218-3.

[138] *Idem*, p. 208

A opinião de Habermas, exposta e criticada no capítulo anterior, segundo a qual não haveria uma ética secular em Max Weber, não oferece a melhor oportunidade de crítica desse autor. Os trabalhos seminais de Dieter Henrich e Wolfgang Schluchter no campo da ética weberiana mostram sobejamente como não se pode identificar a ética da responsabilidade weberiana com um relativismo de estilo simples desde que apenas se leve em consideração de forma consequente os pressupostos que informam a ética da responsabilidade.[139] Uma crítica correta, entretanto, parece advir, a meus olhos, da falta da ideia regulativa de um conceito enfático de emancipação da espécie em Max Weber. Embora autolibertação, emancipação e consciência da liberdade individual sejam aspectos indissociáveis do conceito de personalidade em Weber, como iremos ver com mais detalhes no capítulo que segue, é impossível pensar a esfera ética nesse autor sem levar em conta o papel paradigmático da luta entre valores e perspectivas inconciliáveis "em última instância". As virtudes do esclarecimento acima descritas atuam aqui no sentido de possibilitar que a luta seja racionalmente canalizada e solucionada dentro de certos limites.

A partir da perspectiva habermasiana, ao contrário, reina o paradigma do entendimento, o qual promete a *possibilidade* da superação da luta. A teoria da ação comunicativa apresenta exatamente a tentativa de conceptualizar o significado da solidariedade. A estrutura da ação comunicativa pretende captar a presença do interesse geral no particular, na medida em que combina a teleologia típica à toda a ação com a necessidade do consenso. Habermas atinge esse objetivo, que se coaduna com o sentido da solidariedade na metafísica tradicional, sem, no entanto, apelar para estratégias metafísicas de fundamentação.[140] Quando se aceita os fundamentos das tentativas de fundamentação baseadas na pragmática universal, espelharia a teoria da ação comunicativa

---

[139] SCHLUCHTER, Wolfgang. 1988 Idem, p. 310-4.

[140] HABERMAS, Jürgen. 1987 II, p. 521.

precisamente esse desiderato da união entre teleologia e entendimento, ou seja, entre interesse particular e geral.

Eu gostaria, no que segue, de analisar como Habermas tenta tornar o paradigma do entendimento operacional para uma interpretação alternativa do processo de racionalização ocidental. Procurarei alcançar esse objetivo em três passos: $1^{\underline{o}}$.) a racionalização das concepções do mundo; $2^{\underline{o}}$.) a dinâmica entre mundo vivido e sistema; e $3^{\underline{o}}$.) as patologias da modernidade.

A Racionalização das Concepções do Mundo

Para que a tentativa de fundamentação com base numa pragmática universal de uma racionalidade alternativa ao nível da ação social possibilite uma interpretação também alternativa do processo de racionalização ocidental, deve a teoria da ação comunicativa ser complementada por uma teoria da evolução, a qual, de certo modo, representa o contraponto diacrônico ao esquema sincrônico da teoria da ação comunicativa.

Com esse objetivo em mente, aproveita Habermas engenhosamente as meditações piagetianas no que diz respeito à ontogênese de conceitos de aprendizado das estruturas da consciência, com o intuito de utilizá-las analogicamente na dimensão filogenética do aprendizado da espécie. Os aspectos essenciais da recepção habermasiana desse autor referem-se, antes de tudo, à distinção piagetiana entre os níveis de desenvolvimento cognitivo, os quais se caracterizam por processos de aprendizado diferenciados segundo a sua estrutura e não por seus conteúdos.

...De algo similar poderia tratar-se também no caso da emergência de novas estruturas de concepções do mundo. As cesuras entre a mentalidade mítica, a mentalidade religioso-metafísica e a moderna, se caracterizam por mutações nos sistemas de

categorias. As interpretações de uma etapa superada, não impor-
tando quis sejam os seus conteúdos, são desvalorizadas cate-
gorialmente *com a passagem para a etapa seguinte. Não é este*
ou aquele argumento que deixa de convencer, mas sim o tipo de
fundamentação que não mais convence.[141]

A racionalização das concepções do mundo que se realizam a
partir de processos de aprendizado não deve ser compreendida
no sentido de uma causalidade continua, linear no sentido de
uma causalidade idealista do desenvolvimento dessas concepções do mundo.[142] Aqui estamos lidando, acima de tudo, com
relações *lógicas* que não são obrigatoriamente concomitantes com
o processo histórico real. Como esses movimentos desvaloriza-
dores estão organicamente ligados com a passagem para níveis
de aprendizagem superiores, torna-se um outro aspecto da teoria piagetiana de interesse para uma teoria da evolução social, a
saber, que o desenvolvimento cognitivo implica a formação dos
universos externo, físico, como também dos universos interno e
social.[143] Dessa forma, modificam-se as condições de aprendizado não apenas em relação ao aprendizado cognitivo em sentido
estrito, ou seja, a partir dos confrontos com a realidade objetiva,
mas também, a partir da constituição de um sistema de relações
multidimensional, o qual assegura ao sujeito em crescimento a
limitação concomitante dos mundos social e objetivo em relação
ao mundo subjetivo. Neste sentido, o desenvolvimento cognitivo
pode ser entendido como uma *descentralização* de uma compreensão do mundo egocêntrica.[144] Da mesma forma, pode Habermas
tentar uma interpretação da racionalização das concepções de
mundo a partir de um processo de aprendizado análogo:

---

[141] HABERMAS, Jürgen. 1987 I, p. 104.

[142] *Idem*, p. 103.

[143] *Idem*, p. 105.

[144] *Idem*, p. 106.

> *Quanto mais avançado se encontra o processo de descentração da concepção de mundo, a qual cuida do abastecimento de saber cultural, tanto menos precisa-se que uma interpretação do mundo vivido subtraída da possibilidade de crítica seja definida de antemão; e quanto mais a necessidade de entendimento seja satisfeita pelo esforço interpretativo dos próprios participantes, ou seja, através de um acordo que, por ser racionalmente motivado, estará sempre sujeito a riscos, tanto mais podemos esperar orientações racionais de ação. Neste sentido, a racionalização do mundo vivido deixa-se caracterizar, antes de tudo pela oposição entre "acordo normativamente imposto" e "entendimento alcançado comunicativamente". ...Enquanto a concepção do mundo permaneça sociocêntrica no sentido de Piaget, não é permitida uma diferenciação entre o mundo objetivo, o mundo normativo e o mundo das vivências subjetivas passíveis de expressão. A concepção linguística do mundo é reificada sob a forma de uma ordem do mundo e não pode ser desvelada como um sistema interpretativo passível de crítica.[145]*

A apropriação das investigações piagetianas possibilita a Habermas a constituição de um vínculo convincente entre racionalidade e racionalização societária, posto que agora os aspectos internos da ação comunicativa destinados a cobrir todo o espectro da racionalidade da ação humana passa a ser perceptível num registro diacrônico como elementos de uma progressiva racionalização baseada em processos de aprendizado filogenético. Dessa forma, os três aspectos passíveis de racionalização que compõem a ação comunicativa entram em cena agora também relativamente a sua contribuição para a reprodução simbólica da sociedade. A transposição das premissas da ação comunicam para uma teoria da sociedade é possibilitada, antes de tudo, pela introdução do conceito de mundo vivido como correlato da ação comunicativa. Todo ato de entendimento pressupõe

---

[145] *Idem*, p. 107-8.

sempre um pano de fundo reconhecido intersubjetivamente. O mundo vivido é dessa forma o produto final do esforço interpretativo das gerações passadas. A reprodução simbólica espelha a ampliação e a renovação desse reservatório de pressuposições em todos os três aspectos da ação comunicativa.

Com certeza, as três relações fundamentais da ação comunicativa não se mostram desde sempre enquanto tais. Ao contrário, a sua atualização pressupõe processos de aprendizado no mundo vivido. Habermas percebe a racionalização do mundo vivido como o processo no qual ocorre a diferenciação das três esferas da ação comunicativa possibilitando, dessa forma, as condições para um processo reflexivo de entendimento linguisticamente mediado em todas as suas dimensões de validade. Precisamente esse último aspecto permite captar o sentido da apropriação do pensamento piagetiano para a teoria da evolução social em Habermas, de modo que a diferenciação das esferas de validade pode ser compreendida como uma *descentralização* da concepção de mundo que constitui o mundo vivido. As dimensões de validade ínsitas na língua são analisadas por Habermas a partir de uma apropriação e ampliação do ponto de partida linguístico-teórico de George Herbert Mead, no sentido da contribuição de cada uma dessas dimensões para a reprodução simbólica da sociedade: na dimensão do entendimento sobre o mundo externo processa-se a *reprodução cultural*; na dimensão do entendimento sobre o mundo social temos a garantia da *integração social,* e, finalmente, no tocante ao aspecto da constituição da identidade pessoal, teríamos a garantia do processo de *socialização*.[146]

A reprodução social, no entanto, não se restringe à dimensão simbólica. As sociedades precisam atender também às demandas da reprodução material. Assim sendo, sugere Habermas a consideração de sociedades como entidades que, no decorrer da evolução societária, diferenciam-se em sistema e mundo vivido.

---

[146] HABERMAS, Jürgen. 1987 II, p. 208-9.

Enquanto a diferenciação das dimensões da cultura, da sociedade e da personalidade refletem o grau de racionalização do mundo vivido, temos a medida da evolução sistêmica no aumento da capacidade de domínio sobre as suas condições de existência, ou seja, como aumento da reprodução material.[147] Partindo-se da teoria evolutiva habermasiana assume a racionalização societária global a forma de uma dinâmica entre mundo vivido e sistema.

A Dinâmica entre Sistema e Mundo Vivido

De forma análoga ao que acontece com a relação entre as ações comunicativa e estratégica, existe para Habermas um primado do mundo vivido com relação ao sistema com uma dupla conotação: com referência ao estatuto da relação de conhecimento, assim como com referência a perspectiva genético-histórica. Quanto ao primeiro aspecto temos que — apesar de uma adequada teoria da sociedade ter de considerar tanto a perspectiva externa do observador quanto a perspectiva participante do ator — as entidades percebidas a partir da perspectiva externa de um observador necessitam ser identificadas previamente na sua estrutura simbólica. O primado histórico-genético, por sua vez, implica que a autossuficiência do sistema apenas pode ser percebido como consequência do próprio processo de racionalização do mundo vivido.

Habermas discute a dinâmica entre sistema e mundo vivido das sociedades arcaicas até as sociedades modernas. Nas sociedades arcaicas encontramos as integrações social e sistêmica a tal ponto interligadas que se torna impossível a distinção mesma entre ações comunicativas e estratégicas. A partir da perspectiva da concepção de mundo mítica toma-se impossível tanto a distinção entre as distintas reivindicações de validade ínsitas na

---

[147] *Idem*, p. 228.

ação comunicativa quanto também da ação orientada comunicativa ou estrategicamente, visto que inexiste a possibilidade da distinção categorial entre os mundos objetivo, social e subjetivo. Assim sendo, conceitos ao nível da esfera de valor como moralidade ou verdade são percebidos em conjunção com conceitos do mundo da realidade como causalidade ou saúde.[148]

A característica estrutural constitutiva dessas sociedades é o sistema do parentesco. Este apresenta-se sob a forma de uma instituição total na qual refletem-se todas as diferenças de papel e de pertencimento social assim como constituem os limites da própria unidade social.[149] As normas do sistema de parentesco retiram seu caráter de obrigatoriedade de fundamentos religiosos o que possibilita a manutenção da ordem social sem a necessidade do apelo à violência estatal.[150] Tanto as relações de poder quanto as de troca encontram-se subordinadas aos limites da prática religiosa e do sistema de *parentesco* o que impossibilita a separação dos mecanismos sistêmicos em relação às instituições encarregadas da integração social.[151]

A separação dos mecanismos da integração sistêmica daqueles da integração social ocorre para Habermas apenas como efeito da constituição paulatina da organização estatal, a qual autonomiza a esfera do poder do sistema de parentesco e passa a monopolizar agora, como fator estruturante principal, o conjunto da sociedade. Como consequência temos um aumento da eficiência da reprodução material da sociedade na medida em que as unidades sociais ganham uma especificação *funcional* permitindo uma complexidade maior do que a alcançada pelas sociedades tribais.[152] Assim como a constituição do Estado

---

[148] *Idem*, p. 238.
[149] *Idem*, p. 235.
[150] *Idem*, p. 237.
[151] *Idem*, p. 244.
[152] *Idem*, p. 254.

marca a passagem da sociedade arcaica para a tradicional, o aparecimento do meio regulador dinheiro sinaliza a passagem da sociedade tradicional à moderna. Esta última caracteriza-se pelo fato das funções regulativas não mais serem monopolizadas por uma única organização. A economia capitalista torna-se independente da ordem política e aparece agora como um subsistema diferenciado, o qual permite a transformação do valor de uso em valor de troca possibilitando, consequentemente, o advento da circulação de mercadorias.[153] Com a institucionalização do trabalho assalariado e do Estado tributador o dinheiro logra assumir o papel de elemento estruturador intersistêmico, aumentando mais uma vez o espaço de ação para o desempenho organizacional independentemente dos limites da integração social, criando, desta forma, um campo de sociação crescentemente autônomo em relação a imperativos normativos.

Enquanto o Estado tradicional é uma organização que estrutura a sociedade como um todo e que, portanto, para definir as condições de pertencimento à mesma, para a configuração de seu programa, e recrutamento de pessoal, precisa lançar mão das tradições culturais do mundo vivido diversificado de uma sociedade classista, temos com a empresa capitalista e a moderna administração, unidades sistêmicas autônomas dentro de subsistemas isentos de conteúdo normativo. As instituições tomadas autônomas *caracterizam-se, como demonstrou Luhmann, antes de tudo, pela capacidade de tornar-se independente dos contextos estruturados comunicativamente do mundo vivido, das orientações valorativas concretas e das disposições concretas de ação sempre virtualmente conflitivas das pessoas que as compõem, as quais se tornam assim deslocadas e convertidas em "em torno" das organizações.*[154]

---

[153] *Idem*, p. 256.
[154] *Idem*, p. 257.

Essa evolução social percebida por Habermas a partir da elevação dos níveis de complexidade sistêmica deve ser compreendida, correspondendo à tese do primado do mundo vivido, como consequência do processo de racionalização deste último. Aqui encontramos o cerne da crítica feita por Habermas a Weber e a Marx assim como aos continuadores destes dois pensadores clássicos das ciências sociais. Nomeadamente o que está em discussão aqui é a censura, válida em maior ou menor grau para todos os autores do assim chamado marxismo ocidental, de que nenhum deles aproveitou de forma consequente o potencial positivo da democracia burguesa.[155]

Ao contrário, procura Habermas - parcialmente no rastro de Durkheim - apreender a elevação dos níveis de complexidade sistêmicos tendo como pressuposto indispensável a racionalização do mundo vivido no sentido de um progresso das formas de *coordenação de ações* — especialmente a partir da evolução das formas do direito e da moral. Nesse movimento temos de certa forma a inversão do esquema marxista da infra e superestrutura:

> *[formas democráticas] ...da formação da vontade não são apenas resultado de um deslocamento de poder em favor dos setores interessados no sistema econômico capitalista; com elas impõem-se ao mesmo tempo formas de constituição discursiva da vontade.*[156]

Habermas vê-se obrigado, portanto, a fundamentar duas teses: inicialmente (A) a predominância da reprodução simbólica sobre a material, com o objetivo de mostrar que novas etapas da diferenciação sistêmica só podem ser efetivadas quando a racionalização do mundo vivido tenha atingido um

---

[155] Contra Weber e (implicitamente) contra Marx, ver idem, p 220. Contra a Escola de Frankfurt. HABERMAS. Jürgen.1985b. p.172.

[156] HABERMAS, Jürgen. 1987 II, p. 220-1.

nível correspondente; (B) depois precisa ser esclarecido de que modo o desenvolvimento das formas do direito e da moral, ou seja, a atualização de formas discursivas da formação da vontade coletiva, implica *concomitantemente* a criação de novos níveis de integração social os quais permitem uma leitura alternativa da racionalização ocidental como um processo democratizador.

a) Habermas procura fundamentar o desenvolvimento das formas do direito e da moral a partir do aproveitamento das ideias de Lawrence Kohlberg, Klaus Eder e Wolfgang Schluchter a esse respeito.[157] Trata-se aqui da distinção por etapas da consciência moral desde o nível pré-convencional passando pelo convencional até o nível pós-convencional. A tese habermasiana defende que a passagem para os níveis convencional e pós-convencional dos princípios de moral e de direito preenchem as condições indispensáveis para o aparecimento da estrutura institucional típica das sociedades de classe.[158] A passagem da sociedade arcaica para a sociedade organizada estatalmente efetiva-se através do advento de instituições jurídicas nas quais encontra-se objetivada uma consciência moral de nível convencional. Ao inverso do que acontece nas sociedades arcaicas o desvio da norma a esse nível é imputado à intenção de um sujeito dotado de responsabilidade e não mais a partir da consideração das consequências de uma ação considerada danosa para a coletividade. A validade normativa não se encontra enraizada de forma direta nas ações ritualísticas da comunidade de culto, a exemplo das sociedades arcaicas, mas já aponta com a constituição de uma autoridade política centralizada para um pano de fundo normativo intersubjetivamente reconhecido.[159]

---

[157] *Idem*, p. 260.

[158] *Idem*, p. 266.

[159] *Idem*, p. 264.

A transição das sociedades organizadas estatalmente para as sociedades modernas é marcada, por seu turno, pelo advento de estruturas de consciência pós-convencionais as quais pressupõem uma ruptura com as formas éticas tradicionais (*traditionelle Sittlichkeit*) através dos fenômenos reciprocamente referenciados da internalização da moral e da exteriorização das formas do direito. Esse movimento propicia o aparecimento do meio regulativo do dinheiro, o qual pressupõe um sistema de ações eticamente neutro como o possibilitado pela organização formal do direito privado burguês.[160]

b) Com o propósito de esclarecer o papel do desenvolvimento das concepções do direito e da moral na racionalização do mundo vivido, utiliza-se Habermas do conceito parsoniano da "generalização valorativa" (*Wertgeneralisierung*).[161] Generalização valorativa significa para Parsons a tendência de que a orientação valorativa torna-se, no decorrer da evolução social, crescentemente universal e formal descolando--se cada vez mais da imbricação com contextos concretos, como o sistema de parentesco e a autoridade do cargo. A tendência à generalização valorativa implica uma racionalização do mundo vivido, e consequentemente um progresso no padrão da integração social, na medida em que se supõe uma correspondência entre a generalização valorativa e o distanciamento em relação a formas éticas tradicionais marcados pela herança costumeira e religiosa em favor de um tipo de coordenação de ações que privilegia formas de formação da vontade baseadas em processos de orientação visando ao entendimento. Traduzindo essa tendência cm termos habermasianos, temos com a generalização valorativa a libertação progressiva do potencial racional da ação comunicativa que

---

[160] *Idem*, p. 265.

[161] *Idem,* p. 267.

passa a ser atualizada de forma cada vez mais pura e a pretender validade.[162]

A ambiguidade específica desse processo de racionalização reside precisamente no fato de provocar duas tendências *contraditórias*: por um lado a já mencionada crescente libertação dos potenciais de racionalidade ínsitos na práxis comunicativa; e, por outro, exatamente como consequência da autonomização da ação comunicativa de orientações valorativas particulares, a constituição de um subsistema de ação baseado na racionalidade instrumental crescentemente independente de padrões normativos.

> *Assim, enquanto uma moral agora desinstitucionalizada e interiorizada vincula a regulação de conflitos de orientação unicamente à ideia da remissão discursiva de reivindicações valorativas normativas com base em procedimentos e pressupostos da argumentação moral, impõe o direito coativo esvaziado de conteúdo moral um deslocamento da legitimação que permite a regulação de ações sociais através de meios regulativos.*[163]

Este prisma permite a Habermas, a partir da perspectiva interna do processo de aprendizado moral, apreender conceitualmente a ambiguidade da racionalização ocidental como uma dinâmica entre sistema ou integração sistêmica e mundo vivido ou integração social. A estratégia teórica de Habermas parece-me dirigida, como vou tentar demonstrar a seguir, tanto contra as teses weberianas da racionalização e da burocratização, como também contra a interpretação neomarxista de Max Weber sob o paradigma da reificação, ou seja, da reinterpretação das teses weberianas da racionalização e da burocratização nos termos de uma crítica da ideologia, de modo a refutar ambas as teses a partir do ponto de vista da teoria comunicativa captando a dualidade do processo de

---

[162] *Idem*, p. 269.
[163] *Idem*. p. 269.

racionalização ocidental na sua ambiguidade. Essa compreensão do desenvolvimento ocidental deve ajudar a Habermas evitar tanto a suposta confusão de Weber do modelo capitalista de modernização com racionalização enquanto tal,[164] como também o perigo fatal para uma teoria crítica da proposição de uma ideologia total.

AS PATOLOGIAS DA MODERNIDADE

A tese da separação entre sistema e mundo vivido significa, de início, apenas que se verificou uma diferenciação entre tipos distintos de coordenação de ações sociais. Com essa tese objetiva, Habermas, mais uma vez contra Marx, Weber e o marxismo ocidental, mostra que essa simples diferenciação não provoca de *per si* fenômenos alienantes. Para comprovar essa tese precisa Habermas reconstruir a racionalização ocidental de tal modo que as patologias que realmente acompanharam o processo de modernização ocidental ganhem todo o seu relevo sem que se prejudique, no entanto, a conceptualização de uma racionalidade operante, não obstante a sua repressão, a qual permitiria pensar-se pelo menos a *possibilidade* de uma relação recíproca bem temperada entre sistema e mundo vivido, vale dizer entre razão instrumental e razão comunicativa Habermas vê-se obrigado, portanto, a comprovar a seletividade e contingência do modelo historicamente efetivado do desenvolvimento capitalista.

Com esse escopo, utiliza-se Habermas do conceito de "forma entendimento" (*Verständigungsform*) conseguido analogamente ao conceito lukácsiano de *Gegenstandsform* (*forma objeto*), de modo a tomar compreensível o "compromisso" entre

---

[164] *Idem.* p. 449 Como iremos ver, existe uma ambivalência no tratamento dado por Weber tanto em relação ao processo de racionalização ocidental quanto em referência ao diagnóstico da época. No que toca à racionalização da esfera moral, reside a atenção de Weber, com certeza, em outro ponto.

as condições formais da possibilidade de entendimento intersubjetivo e os imperativos da reprodução sistêmica ou material. Habermas pretende demonstrar como o potencial racional implícito na fala a partir das condições formais da possibilidade do entendimento foi reprimido sistematicamente pelos imperativos sistêmicos. Nesse sentido, Habermas introduz uma periodização de lógica do desenvolvimento (*entwicklungslogische*) paralela a já comentada descentração das concepções de mundo de modo a tomar perceptível, agora, a diferenciação das reivindicações valorativas, "de modo a permitir uma aproximação com relação ao *a priori* relativo de cada uma das respectivas formas de entendimento hegemônicas".[165]

Nas sociedades arcaicas assume o mito a função de proteção contra a diferenciação dos aspectos da razão ínsitos na língua, na medida em que expressa uma compreensão do mundo que confunde contextos significativos com empíricos, eficácia de fato com validade e, desse modo, comunicação e atividade instrumental.166 Apenas no contexto das sociedades tradicionais constituem-se concepções do mundo dicotômicas as quais distinguem um mundo do sagrado, onde os aspectos de validade continuam indiferenciados, do mundo profano já desencantado. Dessa forma, produz-se um abismo peculiar entre esses dois campos de ação na medida em que a esfera profana é limitada para que os fundamentos tradicionais não sejam tematizados "no lugar errado".[167]

Apenas nas sociedades modernas supera-se o abismo entre o profano e o sagrado liberando a ação comunicativa dos contextos particularistas. As esferas de valor culturais passam a distinguir-se claramente entre si e, antes de tudo, graças as concepções pós-convencionais do direito e da moral, abre-se a

---

[165] *Idem*, p .283
[166] *Idem*, p. 288.
[167] *Idem*, p. 282.

possibilidade de uma práxis reflexiva baseada na argumentação. A ambiguidade do processo de modernização ocidental reside precisamente na incapacidade da cultura, pressupondo-se as condições formais da possibilidade de entendimento intersubjetivo, de ainda assumir funções ideológicas.

> *A forma moderna de entendimento é muito transparente para assegurar à violência estrutural um "nicho" através de limitações não percebidas enquanto tal à comunicação. Nesse contexto, é razoável esperar-se que a concorrência entre formas da integração social e sistêmica apareçam com transparência crescente. Ao cabo, os mecanismos sistêmicos acabam por reprimir a integração social inclusive naqueles setores onde a coordenação de ações com base consensual não pode ser substituída: ou seja, nos setores onde a própria reprodução simbólica do mundo vivido está em jogo. Neste caso, a* mediação *do mundo vivido assume a forma de uma* colonização *do mesmo.*[168]

Na realidade, temos aqui uma retradução em termos da teoria comunicativa da antiga tese habermasiana da consciência tecnocrática visando demonstrar de que forma as patologias da modernidade diferenciam-se daquelas das sociedades tradicionais: agora é o próprio interesse emancipatório da espécie que se encontra ameaçado de extinção. A eliminação da distinção entre técnica e práxis, ou seja, entre integração sistêmica e do mundo vivido é o que pretende expressar Habermas com a sua tese da colonização do mundo vivido.

Ao contrário dos antigos frankfurtianos logra Habermas obter um critério de medida para além da negação abstrata

> *Against Horkheimer and Adorno, Habermas shows that the idea of a rational organization of society, i.e., an organization*

---

[168] *Idem*, p. 292-3.

of society which would be based on a free agreement among its members, is in however distorted a form-already embodied and recognized in the democratic institutions, the legitimacy principles and the self interpretations of modem industrial socieries; for this reason alone a critical analysis of modern societies can share a common normative ground with its object of analysis and can assume the form of an immanent critique.[169]

Distintamente de Weber consegue Habermas perceber uma racionalização valorativa dirigida a um conceito enfático de emancipação, o qual supera em muito mesmo uma concepção não simplista e não relativista de uma ética da responsabilidade como a proposta por Max Weber. Eu vejo, portanto, o extraordinário desempenho de Habermas como teórico social precisamente pelo seu sucesso em, pelo menos de forma incipiente, restabelecer a ligação entre crítica social e ciência empírica de modo a propiciar uma imagem que seja do objetivo que animou todas as teorias críticas da sociedade até então: a conceptualização da possibilidade de uma vida humana em uma sociedade livre de dominação injusta. Eu tentei demonstrar esse trajeto a partir de uma discussão tanto com Max Weber e com o marxismo ortodoxo na figura de Lukács, como também com a herança conjunta desses clássicos nos trabalhos da Escola de Frankfurt.

Nesse contexto não levei em consideração a discussão do que considero problemático no ponto de partida habermasiano. Pretendo recuperar esta discussão a partir da reconstrução da recepção weberiana por Habermas que será o fio condutor do próximo capítulo.

---

[169] WELLMER- Albrecht.1986. p. 52

CAPÍTULO III
DIAGNÓSTICO E TERAPIA
DA MODERNIDADE

A crítica habermasiana a Max Weber está direcionada, desde o início, através da reconstrução da problemática da racionalidade e da racionalização, para uma interpretação alternativa da modernidade. No contexto deste capítulo, irei procurar inicialmente explicitar essa interpretação alternativa, especialmente a partir da discussão com Max Weber sobre a questão do diagnóstico da época (I); a seguir tentarei reconstruir a leitura a meu ver unilateral que Habermas faz de Weber de modo a dar um outro relevo a aspectos essenciais da compreensão weberiana da modernidade (II); com o escopo de, finalmente, criticar os aspectos que considero discutíveis na proposta habermasiana (III).

O DIAGNÓSTICO HABERMASIANO DA MODERNIDADE

O diagnóstico da época em Habermas pode ser compreendido como uma reconstrução do diagnóstico do presente em Weber na medida em que Habermas percebe a própria empresa como uma apropriação modificada do conteúdo sistemático da teoria weberiana da modernidade a partir da utilização de um instrumental conceitual a seu ver mais adequado.[170] Habermas defende a tese de que a teoria weberiana da modernidade e constituída, basicamente, por dois fenômenos intimamente relacionados, a saber: as teses da perda da liberdade e da perda de sentido.

A tese da perda da liberdade afirma que os espaços de ação individuais reduzem-se crescentemente no mundo moderno, como consequência da intensa burocratização da sociedade produzida, antes de tudo, pelas esferas da economia e da política. Uma lógica estranha e externa aos homens impõe-se no mundo institucional e passa a dominar a totalidade das esferas da vida. Nesse contexto, as relações sociais perdem cada vez mais, seja no mundo do trabalho, nas relações de poder ou nas esferas da cultura, o conteúdo ético que possuía no mundo tradicional o que precisamente pretende expressar a tese da perda do sentido. Ao nível do estilo de vida individual

---

[170] HABERMAS, Jürgen. 1987 II, p. 449.

mostra-se a perda do sentido, antes de tudo, na unilateralidade da condução da vida, a qual, por carência de substrato ético, reduz-se a uma atitude instrumental com relação a si próprio e aos outros. Como consequência produzem-se *problemas de orientação (Orientierungsprobleme)* na esfera privada e *problemas de legitimação* na esfera pública.[171]

Habermas interpreta as teses da perda da liberdade e da perda do sentido como dois fenômenos que se seguem um ao outro. A perda da liberdade aparece primeiro como efeito da racionalização societária enquanto a perda do sentido a segue como efeito da racionalização cultural.[172] Ainda que Habermas admita que nenhuma das duas teses tenha perdido em atualidade,[173] não concorda, entretanto, com os traços resignativos do diagnóstico da época em Max Weber. Para ele, o impulso crítico da análise da cultura ocidental em Weber é enfraquecido pela interpretação do desenvolvimento ocidental a partir de um paradoxo fatídico intrínseco à sua própria dinâmica.[174] Interessa a Habermas, com o apoio de sua interpretação alternativa do processo de racionalização ocidental, negar a ausência de saídas para o paradoxo da modernidade. Ele tenta cumprir esse objetivo através da transformação da tese weberiana da perda da liberdade cm favor de uma *colonização do mundo vivido* e da tese da perda do sentido cm favor de uma *fragmentação ou empobrecimento do mundo vivido.*

A substituição da tese da perda da liberdade pela tese da colonização do mundo vivido traz de volta a discussão sobre a tese da diferenciação do mundo vivido já levada a cabo no capítulo anterior A tese da diferenciação afirma, de início, apenas que a substituição da ética pelo direito significa,

---

[171] *Idem*, p. 477-8.

[172] HABERMAS, Jürgen. 1987 I, p. 468.

[173] HABERMAS. Jürgen. 1987 II, p. 447.

[174] *Idem*, p. 487.

simplesmente, a institucionalização de meios regulativos. Até aí a diferenciação do mundo vivido em relação ao sistema não implica nenhuma patologia, tratando-se, nesse caso, unicamente de uma "mediação do mundo vivido", a qual em si não seria digna de lástima. Habermas percebe, com certeza, que, se ele considera a burocratização como um fenômeno "normal" do processo de modernização, passa a dever uma explicação alternativa aos fenômenos patológicos explicitados, por exemplo, por Max Weber. Para precisar o limite no qual a mediação do mundo vivido transforma-se em colonização do mesmo vê-se Habermas compelido a examinar com mais detalhes as relações de troca entre sistema e mundo vivido.[175]

Da perspectiva do sistema aparecem essas relações de troca como consequência da especialização dos subsistemas da economia e da política, os quais passam a regular suas trocas com os outros subsistemas sociais através dos meios dinheiro e poder, respectivamente. Da perspectiva do mundo vivido eles aparecem como consequência da separação entre a esfera privada e a esfera pública. A esfera privada moderna constitui-se a partir da família nuclear burguesa, a qual, da perspectiva sistêmica da economia, é redefinida como "ambiente da economia doméstica" (*Umwelt der privaten Haushalt*). O núcleo institucional da esfera pública passa a ser, ao lado dos subsistemas da economia e da política, formado por empresas culturais e por meios de comunicação de massas, os quais possibilitam tanto a recepção de bens culturais quanto a participação na ou da opinião pública, a qual, por sua vez, é redefinida sob o ponto de vista sistêmico como "ambiente para fins de provimento de legitimação".[176]

---

[175] *Idem*, p. 471.
[176] *Idem*, p. 472.

Sob o ponto de vista do mundo vivido cristalizam-se a partir das referidas relações de troca, as quais apenas podem realizar-se através dos meios regulativos do dinheiro e do poder, os papeis sociais do empregado e do consumidor, por um lado, e do cliente e do cidadão, por outro. As relações do empregado e do cliente são definidas por atribuições de papéis institucionalmente dependentes. Isso acarreta uma autonomização em relação aos contextos comunicativos do mundo vivido em favor de uma adaptação às exigências dos campos de ação organizados segundo padrões formais. A consequente monetarização e burocratização da força de trabalho e dos serviços estatais impõem-se, com certeza, apenas sob o preço da destruição das formas de vida tradicionais. Habermas enfatiza, todavia, o ganho em eficiência das novas formas organizatórias, na medida em que elas resolvem melhor os problemas da reprodução material do mundo vivido.[177]

Ocorreria, na visão do autor, o inverso com a segunda categoria de relações de troca. Os papéis do consumidor e do cidadão são na verdade *relacionados (bezogen)* aos campos de ação organizados segundo padrões formais, mas não são definidos por *dependência* a essas organizações (*organisation-sabhängig*), como os primeiros. Esses

> *Papéis não devem sua existência, como no caso do cliente e do empregado, a um "fiat" jurídico. ...Os papéis de consumidor e cidadão remetem, portanto, a processos prévios de formação, nos quais se adquirem preferências, orientações de valor, atitudes, etc. Essas orientações são formadas tanto na esfera privada quanto na esfera pública; e elas não podem, como força de trabalho e impostos, ser "compradas " ou "confiscadas " por organizações privadas ou públicas.[178]*

---

[177] *Idem*, p. 474.
[178] *Idem*, p. 475.

Apesar da totalidade das relações de troca pressuporem um ato de abstração como condição mesma para a possibilidade da troca através de um meio regulativo, parece-me decisivo para Habermas que a transposição do limite entre normalidade e patologia na relação entre sistema e mundo vivido residiria não mais, como para Max Weber e também para Marx, simplesmente no fenômeno da abstração enquanto tal. Assim sendo, uma relação de troca não patológica entre sistema e mundo vivido e, desse modo, portanto uma simples mediação do mundo vivido, ocorreria sempre que a monetarização da força de trabalho e a burocratização dos serviços estatais, os quais, como vimos, significam sempre destruição violenta das formas de interação tradicionais, implicassem aumento da eficiência no atendimento das necessidades da reprodução material e, desse modo, fossem, por assim dizer, *compensados.*

> *A forma de produção capitalista e a dominação legal-burocrática podem cumprir melhor as tarefas de reprodução material do mundo da vida – na linguagem de Parsons: funções de adaptação e consecução de fins – que as instituições feudais ou do Estado estamental que as precederam. Nisso consiste a "racionalidade" das organizações empresarial e "institutal" (anstaltmässigen) que Max Weber incansavelmente fazia referência.*[179]

O fenômeno da abstração na relação entre o cliente e o Estado é para Habermas, com certeza, o *caso modelo* de colonização do mundo vivido nas sociedades do capitalismo tardio. Esse caso é efetivado, todavia, apenas

---

[179] *Idem*, p. 474.

... quando a destruição das formas de vida tradicionais não pode ser compensada por uma solução mais efetiva das funções societárias globais.[180]

O inverso parece acontecer com a segunda categoria de relações de troca, posto que, aqui, trata-se da manutenção da oferta cultural assim como do padrão de legitimação que possibilitam a manutenção mesma da reprodução *simbólica* do mundo vivido.[181] Essas funções não podem ser definidas, em nenhum caso, a partir dos imperativos da integração sistêmica sem efeitos patológicos.[182]

A tese da perda da liberdade, a qual Weber derivou, precisamente, como consequência do pertencimento do trabalhador à organização e da dependência do cliente em relação à mesma,[183] perderia, assim, muito do seu valor explicativo. A tese habermasiana da colonização afirma, ao contrário, que tanto a monetarização quanto a burocratização apenas transpõem o limite da normalidade, se "elas instrumentalizarem os recursos estruturais *específicos* (*grifo meu*) do mundo vivido".[184] A subordinação do empregado no mundo do trabalho e do cliente em relação ao aparelho estatal pode, portanto, ser compensada através de uma maior eficiência, o que implicaria uma mediação *não patológica* do mundo vivido. Apenas no que se refere aos papéis do consumidor e do cidadão, os quais são impensáveis sem os processos de formação típicos do mundo vivido, teríamos, no caso de instrumentalização pelos imperativos sistêmicos, em qualquer caso, a ver com fenômenos patológicos.

---

[180] *Idem*, p. 476.

[181] *Idem*, p. 476.

[182] *Idem*, p. 477.

[183] *Idem*, p. 477.

[184] *Idem*, p. 477.

Dentro da mesma moldura teórica temos também a crítica à tese da perda de sentido. A unilateralidade da esfera privada e o empobrecimento da esfera pública não devem ser interpretados como consequência da destruição da unidade substancial da razão. Eles devem ser explicados a partir da repressão dos aspectos prático-moral e estético-expressivo causada pela atitude instrumental induzida pelos imperativos sistêmicos, como consequência da monetarização e da burocratização da vida cotidiana seja no âmbito público ou privado.[185]

A tese weberiana da burocratização é modificada no sentido de que nem a subordinação em relação ao domínio institucional nem, por outro lado, a diferenciação das esferas de valor *per si* passam a assumir a responsabilidade pelas patologias da modernidade. A monetarização da esfera privada pelo sistema econômico através do consumismo e a burocratização da esfera pública como consequência da transmutação de questões práticas em técnicas mantém, como antes, como exposto por Max Weber, sua validade. A imputação causal, todavia, ganha um outro acento de modo a permitir a exposição da seletividade e contingência do processo de modernização ocidental.

O significado da tese weberiana da perda do sentido reside, para Habermas, não na reificação da práxis cotidiana, como consequência da constituição de uma "prisão de ferro", mas antes no âmbito de um fenômeno complementar à colonização do mundo vivido: *O empobrecimento cultural do mundo vivido ou sua fragmentação.*[186] Para Habermas, a tese da fragmentação do mundo vivido poderia ser compreendida como uma derivação modificada da tese da perda do sentido weberiana. A tese do empobrecimento ou da fragmentação do mundo

---

[185] *Idem*, p. 480.

[186] *Idem*, p. 481.

vivido afirma que a apropriação e elaboração profissional e especializada da tradição cultural a partir de cada um dos três aspectos de validade, que surgem como consequência da diferenciação das esferas de valor culturais, cria um abismo entre a cultura dos especialistas e da massa que representa, na prática, a desintegração do elo orgânico de apropriação e crítica da tradição herdada no contexto da prática cotidiana. A tese weberiana da perda de sentido é modificada de modo a expressar que não apenas a mera diferenciação dos aspectos da razão são os responsáveis pela perda do sentido, mas, antes, o abismo entre especialistas e massas.

A reconstrução habermasiana do diagnóstico weberiano da época nos termos da teoria comunicativa apresenta, portanto, *dois* fenômenos patológicos complementares da modernidade, os quais prejudicariam, sistematicamente, a atualização dos potenciais de racionalidade existentes nas sociedades modernas.

Na prática comunicativa cotidiana têm-se que se combinar e se fundir entre si interpretações cognitivas, expectativas morais, manifestações expressivas e vai orações, às quais, através das transferências de validade (Geltungstransfer) implicada na atitude performativa, podem construir um contexto racional. Essa infraestrutura comunicativa é ameaçada por duas tendências que se compenetram e se reforçam mutuamente: uma reificação induzida sistemicamente e um empobrecimento cultural.[187]

As virtudes do diagnóstico habermasiano da época já foi tema do capítulo anterior. Sua análise permite a expressão da seletividade do desenvolvimento ocidental e mostra as conquistas positivas e as potencialidades da modernidade. Interessa-me

---

[187] *Idem*, p. 483.

aqui, todavia, problematizar os aspectos que considero discutíveis na sua proposta. Irei, em um primeiro passo, tentar reconstruir a recepção habermasiana de Max Weber (I); de modo a criticar o diagnóstico da época habermasiano a partir de algumas meditações weberianas recuperadas em toda a sua abrangência (II).

O DIAGNÓSTICO WEBERIANO DA MODERNIDADE

A indagação acerca do homem *especificamente moderno* é um aspecto central da teoria weberiana, a qual deve ser entendida, no seu nível mais geral, como uma tentativa de conceituação da especificidade do desenvolvimento ocidental. Quando se considera que Habermas distingue na sociologia weberiana as esferas, sob inspiração parsoniana, da sociedade, da cultura e da personalidade, temos que a análise da esfera da personalidade, ao contrário das duas anteriores, apresenta deficiências sintomáticas quando se trata de perceber a interpretação weberiana da modernidade em toda a sua riqueza.

No que se refere aos níveis da sociedade e da cultura parte Habermas, seguindo Max Weber, que a constituição das esferas racionalizadas segundo padrões formais da política e da economia, por um lado, e a diferenciação das esferas de valor culturais, por outro lado, formam conjuntamente os aspectos mais típicos da modernidade. Mesmo as críticas contra Max Weber expostas na sua reconstrução da proposta deste último, não muda nada no fato de que a teoria da época weberiana permanece como principal e fundamental estimulo para a leitura habermasiana do desenvolvimento societário e cultural da civilização ocidental. Essa afirmação não se aplica, no entanto, em relação ao assim chamado processo de individuação, ou seja, ao nível da personalidade.

Habermas limita, de início, essa problemática em Weber, como já visto anteriormente, aos aspectos religiosamente condicionados da condução da vida (*Lebensführung*) não percebendo, dessa forma, a questão de importância crescente para Weber, no decorrer do seu trabalho, da possibilidade de uma condução da vida segundo padrões seculares. Na leitura habermasiana, no entanto, esse último aspecto é tratado, antes de tudo, como uma "ausência", como uma história decadência de uma personalidade antes completa.

> *À medida que a ética protestante cessa de imprimir seu selo à condução da vida privada, temos a substituição do modo metódico-racional da condução da vida nas camadas burguesas pelo estilo de vida especializado e utilitário do "especialista sem espírito" e do estilo de vida estético-hedonista do "homem do prazer sem coração", portanto, por duas formas complementares que tendem a generalizar-se por todos os setores sociais. Ambos os estilos podem apresentar-se em tipos de personalidade distintos. Eles podem também dominar uma mesma pessoa; e com tal fragmentação da pessoa perde o indivíduo a capacidade de conferir à sua vida um certo grau de orientação unitária.*[188]

Eu estou convencido de que uma reconstrução da recepção unilateral do pensamento weberiano precisamente em relação à problemática da personalidade não apenas, como visto no capítulo anterior, poderia valer como uma recuperação dos aspectos não levados em consideração por Habermas relativamente à tese da racionalização e do diagnóstico da época weberianos, nomeadamente a racionalização valorativa e o processo de individuação, porém, mais importante, como um sinal para deficiências da própria proposta habermasiana.

---

[188] *Idem*, p. 477.

Na sua discussão da tese weberiana da perda do sentido, refere-se Habermas à desesperançada visão weberiana do mundo moderno como uma prisão de ferro habitada unicamente por "especialistas sem espírito" e "homens do prazer sem coração."[189] Nesse contexto, constata Habermas não apenas o desaparecimento da ética vocacional protestante, mas, também, *da própria ideia da vocação enquanto tal*, pouco importando se relativamente à certeza da salvação pessoal de fundo religioso ou com relação a formas de autorrealização secular,[190] restando meramente uma relação de complementariedade e compensação entre a atitude instrumental do especialista sem espírito e a atitude expressiva do homem do prazer. Esse último teria como desiderato a compensação dos insucessos que uma condução da vida segundo padrões instrumentais acarreta através da dedicação às experiências estéticas e da intensificação de vivências no campo erótico e sexual.[191] A experiência da perda do sentido seria para Weber, na leitura habermasiana, inevitável.

> *Nem o estilo unilateralmente instrumental nem o estilo unilateralmente expressivo de condução da vida, nem tampouco uma alternativa entre os dois, logram conferir a força necessária para substituir a unidade intersubjetiva de um mundo vivido baseado na tradição pela unidade de um comportamento privado originado na própria subjetividade, moralmente orientado, e inspirado pela própria consciência.[192]*

Contrariamente, irei defender a tese de que Weber não elaborou de forma alguma apenas um diagnóstico pessimista da modernidade, como depreende-se da leitura de Habermas, e que

---

[189] *Idem*, p. 477.

[190] *Idem*, p. 478.

[191] *Idem*, p. 478.

[192] *Idem*, p. 478.

apenas a reconstrução desses aspectos "positivos" de sua análise do presente, e dentro desse contexto, especialmente considerando seu conceito de personalidade nas condições modernas, pode restituir toda a profundidade e alcance da sua análise. Nessa reconstrução vou tentar demonstrar de que modo, na diagnose do presente em Max Weber, pode-se, para além das figuras do especialista sem espírito e do homem do prazer sem coração, deduzir, também, as figuras do especialista *com* espírito e do homem do prazer *com* coração. Nesse contexto, cumpre mostrar que Weber, de fato, problematizou as alternativas existenciais dentro das condições da "prisão de ferro" para além de uma mera crítica resignada. Nesse caso, poderiam as meditações desse autor acerca dessa questão ser entendidas como uma espécie de "terapia" contra os efeitos alienadores e patológicos típicos do cotidiano moderno. Trata-se aqui, portanto, de fundamentar e manter a consciência da *ambivalência* do diagnóstico da época weberiano entre seu pessimismo cultural e suas perspectivas terapêuticas. Com o objetivo de não perder a referência da recepção habermasiana desse autor, procurarei, de início, demonstrar a permanência da ideia de vocação mesmo no contexto de uma concepção de mundo secular a partir da discussão do especialista com espírito para, em seguida, relacioná-lo ao homem do prazer com coração de modo a evidenciar um *outro* contexto de complementaridade entre essas duas figuras do que o percebido pela análise habermasiana.

A ideia moderna de vocação aparece, como sabemos pela "ética protestante e o espírito do capitalismo", apenas com a reforma.[193] Ela se opõe à ideia da superação da religiosidade intramundana pela ascese monástica, na medida em que afirma que a satisfação dos deveres intramundanos é o único caminho para agradar a Deus. O cumprimento dos deveres mundanos ganha com isso, pela primeira vez no Ocidente, significado sagrado

---

[193] WEBER. Max. 1947 I, p. 69.

como "chamamento" (*Berufung*) divino.[194] De qualquer forma, a concepção luterana de vocação permanece marcada por traços fortemente tradicionalistas: "o indivíduo deve permanecer fundamentalmente na profissão e na posição social na qual Deus o colocou e dirigir sua atividade terrena dentro dos limites dessa posição de vida já dada."[195] A ligação entre *desempenho e prêmio religioso* que expressa o ponto verdadeiramente decisivo em relação à condução de vida metódica intramundana dá-se apenas com o advento das seitas protestantes ascéticas, especialmente da calvinista, na medida em que apenas a conexão entre a doutrina da predestinação e da "certeza da salvação" (*Bewährungsgedanke*) pode, efetivamente, produzir o estímulo para uma condução da vida ascética, antitradicionalista, intramundana e metódica.

> *No lugar do humilde pecador, aos quais Lutero promete a salvação se eles entregarem-se a Deus com fé e arrependimento, são cultivados aqueles "santos autoconfiantes, que reencontramos nos "férreos" (*stahlharten*) comerciantes puritanos dos tempos heroicos do capitalismo e, em exemplares individuais, até hoje. ...para conseguir-se tal autoconfiança foi recomendado, como meio extraordinário, trabalho vocacional sem descanso.*[196]

A simpatia de Weber em relação ao férreo homem de vocação puritana não se expressa apenas na passagem acima reproduzida. Eles representariam, para nosso autor, a forma mais superior até agora historicamente realizada de "personalidade" ascética e intramundana, na medida em que capacitava os homens "para a condução de uma vida clara, desperta e consciente."[197] Eu estou convencido de que Weber deposita sua confiança na liberação de

---

[194] *Idem*, p. 71.

[195] *Idem*, p. 76.

[196] *Idem*, p. 105.

[197] *Idem*, p. 226.

forças capazes de possibilitar uma atitude de resistência contra as instituições burocráticas da prisão de ferro unicamente em uma versão secularizada da ideia de vocação. Irei tentar reconstruir o tipo de vocação secular que acredito estar subjacente às perspectivas terapêuticas weberianas de modo a distingui-la das formas de existência conformadas às condições da prisão de ferro.

Antes de entrar em detalhes acerca da descrição desses tipos de personalidade, gostaria de precisar a relação entre conduções de vida religiosas e seculares, de modo a evitar desde o início mal-entendidos: uma condução de vida sob as condições de vida moderna não se baseia na simples continuação de formas de conduta religiosa "com outros meios".

O processo de "desencantamento do mundo" que retirou as condições de validade do mundo mágico-religioso é um dado irreversível do mundo moderno. Existe um abismo intransponível entre esses dois mundos. A época de uma ética material, que funcionava como substrato das relações entre os homens e que regulava com ambições totalitárias o espaço público, pertence definitivamente ao passado.

Weber estava perfeitamente consciente de que vivia na época do "individualismo ético". O mundo objetivo não tem nenhum significado em si, e a tarefa de conferir significado a este mundo é uma tarefa individual e solitária. Cada qual está só com o seu Deus ou demônio que rege as suas escolhas significativas.[198]

Mais ainda, de forma paralela e reciprocamente independente a essa modificação no "espirito da época", temos uma modificação não menos importante nas condições objetivas do mundo moderno. Uma limitação extremamente importante, para a análise da personalidade moderna, é a necessidade inevitável da especialização, como consequência da progressiva divisão social do trabalho.

---

[198] WEBER, Max. 1988, p. 226.

A obra tardia de Johann Wolfgang von Goethe parece ser o elo de ligação entre o conceito religioso-protestante de personalidade e a concepção moderna e secularizada dele. Já no "Wilhelm Meisters Lehrjahre", mas acima de tudo, na continuação radicalizada deste trabalho no "Wilhelm Meisters Wanderjahre" ocupou-se Goethe com o tema da educação e desenvolvimento da personalidade a partir da sua relação com as novas condições objetivas do novo mundo capitalista que via nascer, especialmente com o novo dado da crescente divisão do trabalho.

Segundo a interpretação, autorizada pelo próprio Weber, de Albert Bielschowisk o modelo de personalidade subjacente ao *Wanderjahre* apresenta um contraponto ao modelo, então predominante na Alemanha de então, da personalidade "contemplativa e bela" (*untätig-schönen Persönlichkeit*).[199] Na sua contraposição entre ação e eficácia na realidade, por um lado, e cultivo do mundo intelectual e sentimental, por outro, àquele contraponto lembra fortemente a oposição entre a concepção de personalidade protestante e confuciana, como Weber realiza ao fim do seu estudo sobre o confucionismo. A união entre trabalho e renúncia, os valores-guia dos "Wanderjahre", não servem mais, na imaginação de Goethe, com certeza, para o aumento da glória divina sobre a terra. A vinculação com uma felicidade no além é substituída pelo enfrentamento dos desafios da existência humana no mundo moderno.[200]

Ação e renúncia condicionam-se reciprocamente na medida em que o trabalho, no mundo moderno, exige, necessariamente uma limitação a uma pequena esfera da atividade produtiva em cada arca de atividade, o que pressupõe, ao mesmo tempo, concentração de esforços e aumento do desempenho. Renúncia adquire, nesse sentido, o significado positivo de um impulso a constituição ativa do mundo baseada no trabalho eficaz.

[199] BIELSCHOWSK, Albert. 1905, p. 563.
[200] *Idem*, p. 522 e 550.

O exposto acima mostra os traços heroicos, tanto da concepção goetheana quanto da weberiana de personalidade. Na modernidade o que importa é a superação das paixões que nos obscurecem e desviam.[201] Renúncia adquire aqui, portanto, o sentido de uma subordinação do sujeito em relação as condições não escolhidas do mundo impessoal. Os valores-guia da condução da vida no mundo moderno devem proporcionar a união entre uma escolha pessoal combinada com a clareza das prioridades exigidas pelo mundo externo proporcionando uma concepção do trabalho como uma "dedicação a uma causa suprapessoal". A influência da concepção goetheana de personalidade em Max Weber pode ser, de resto, observada no uso constante de máximas goetheanas, quando se refere a essa questão particular, como "dedicação a uma causa suprapessoal" (*Hingabe an einer Überpersönliche Sache*), reconhecimento das "necessidades do dia" (*Forderungen des Tages*) ou "do que é necessário" (*was Not tut*) e assim por diante. Weber admite a vinculação entre ação e renúncia como pressuposto necessário de qualquer ação de valor enquanto tal e liga a "lição goetheana" com uma noção secularizada de vocação.[202]

> *A limitação do trabalho especializado, com a renúncia à faustiana universalidade do homem por ida subentendida é uma condição para qualquer trabalho válido no mundo contemporâneo; daí a "ação" e a "renúncia" hoje inevitavelmente se condicionarem uma à outra. Esse traço fundamentalmente ascético do estilo de vida burguês – se ele pretende ser positivamente um estilo e não a falta dele – procurou-nos ensinar Goethe, no auge da sua sabedoria da vida, tanto nos "Wanderjahren" quanto no término da vida que ele deu ao seu Fausto. Para ele essa*

---

[201] *Idem*, p. 562.

[202] Ver Gouldman, Harvey. 1988, p. 165. Gouldman procura demonstrar neste livro, a meu ver com sucesso, a permanência da ideia de vocação ao longo dos textos de Max Weber.

consciência significava a despedida cheia de renúncia de uma era de plenitude e beleza da humanidade, a qual, no decorrer do nosso desenvolvimento cultural, tem tão poucas chances de repetir-se como a época de florescimento da cultura ateniense da Antiguidade. O puritano quis ser um homem de vocação – nós temos *de sê-lo.*[203]

Essa noção secularizada de vocação é trabalhada por Weber nos seus dois famosos ensaios de 1919 sobre as atividades do político e do cientista. Esses dois textos apresentam, de maneira assistemática, o que chamo de especialista com espírito.

No texto sobre a política como vocação, descreve Weber, depois de analisar demoradamente as mudanças objetivas da atividade política com o advento da democracia plebiscitária, o que entende por político com vocação. Este é definido, acima de tudo, em oposição ao funcionário politicamente irresponsável, assim como em oposição ao político que persegue o poder como fim em si (*Realpolitiker*) por um lado, e em oposição ao político que persegue valores absolutos, por outro. Ao contrário do funcionário, o político com vocação é responsável apenas em relação às suas ideias, uma responsabilidade subjetiva portanto, resultado de uma eleição consciente e portanto autêntica.[204] O funcionário, como exemplo do especialista sem espírito, tem uma relação objetiva em relação ao seu cargo ou organização. Ao contrário do político de ambição mesquinha, por sua vez, que persegue o poder por vaidade pessoal, o político com vocação distingue-se pela dedicação a uma causa suprapessoal.[205]

Em contradição ao político mesquinho e ao funcionário, podemos entender a primeira das três qualidades distintivas do político com vocação: a paixão, no sentido de uma dedicação

---

[203] WEBER, Max. 1947 I, p. 203.

[204] WEBER, Max. 1958, p. 513.

[205] *Idem*, p. 501.

apaixonada a uma causa suprapessoal. Essa paixão falta tanto ao funcionário, que é obrigado a administrar seu cargo *sine ira et studio*, quanto ao político do poder que a amesquinha, ao subordiná-la a seus interesses pessoais.

Com relação ao político que segue valores absolutos, o contraste desloca-se para as outras características do político vocacional: o senso de proporções e o senso de responsabilidade.[206] O político da ética absoluta defende um valor incondicional que não indaga pelas consequências da perseguição dessas ideias na realidade, preocupando-se unicamente com a manutenção das puras intenções. A esse político, ao contrário das figuras examinadas acima, não falta a paixão, a dedicação fervorosa a uma causa impessoal e não-mesquinha. Por outro lado, lhe falta um distanciamento em relação às coisas e aos homens. O político vocacional, ao contrário, encorpa uma ética da responsabilidade que leva em consideração, no seu cálculo, as consequências da sua ação na realidade. O político da ética da responsabilidade acrescenta à sua paixão o conhecimento da realidade. O senso de proporções é necessário para conseguir-se uma mistura "bem temperada" entre a *distância* que o conhecimento envolve com a *proximidade* resultante da paixão.[207]

No texto sobre o cientista como vocação, temos uma linha de argumentação muito semelhante. Depois de alongar-se sobre as condições externas do acadêmico, Weber afirma a importância central da especialização para o cientista, como a condição mesma de um trabalho digno de confiança. A dedicação apaixonada ao trabalho é novamente tida como a primeira grande qualidade do cientista vocacional.[208] Também a responsabilidade, de forma semelhante ao político como vocação, é uma qualidade indispensável no sentido de angariar o necessário

---

[206] *Idem*, p. 533.

[207] *Idem*, p. 534.

[208] WEBER, Max. 1988, p. 589.

distanciamento cm relação a si mesmo, para evitar, aqui, as próprias opiniões pessoais e julgamentos de valores últimos no exercício da profissão.

Esse último aspecto diferencia o político do cientista. Aquele não pode nem deve esconder seu ponto de vista pessoal. As palavras num comício não são meios de análise científica, mas meios de conseguir votos e vencer adversários.

> *Tomar uma posição política prática e analisar estruturas partidárias são coisas distintas. Quando se fala em um comício sobre democracia, não se esconde as inclinações pessoais: precisamente isso – expô-las da forma mais clara possível é um dever. As palavras que se usa não são arados para revolver o solo do reino do pensamento contemplativo, mas espadas contra o inimigo "meios de luta ".[209]*

Isso acontece posto que os objetivos dessas duas esferas são distintos. O objetivo máximo da ciência é a "clareza" de modo a possibilitar ao indivíduo a prestação de contas da sua própria conduta.[210] A relação entre as duas esferas seria, desse modo, menos de oposição do que de complementariedade.

Nos dois textos, vocação tem o mesmo sentido de renúncia e autocontrole que possibilitam a unidade da personalidade e a consequência na ação. Foram essas duas características que impressionaram Weber na condução da vida do puritano ascético. Na sua versão secular, no entanto, a ideia da vocação é depurada a partir do seu entrelaçamento com as noções de individualismo ético e de responsabilidade em direção a um estágio de consciência qualitativamente superior. A crença, nessa versão secular, não deve mais ser a crença ingênua do puritano, mas sim uma tomada de posição em relação à realidade como ela é.

---

[209] *Idem*, p. 601.

[210] *Idem*, p. 608.

O especialista com espirito distingue-se pela criação autônoma de valores, afastando-se da heteronomia típica à relação religiosa. Acredito que essa reformulada noção de vocação foi encarada por Weber como a única forma capaz de ainda dotar a vida no inundo racionalizado com sentido e força moral, possibilitando uma condução autêntica da vida Acredito, também, que, a partir dos casos examinados do cientista e do político, pode-se imaginar uma noção de especialista com espírito a qual, para além das distinções entre as esferas da vida entre si, possuiria qualidades comuns (como as já discutidas acima) indispensáveis para uma condução autêntica da vida sob as condições impostas pelas instituições do mundo moderno.

Essa é obviamente uma ética aristocrática e heroica. Aristocrática, porque é privilégio de poucos, visto que a regra é a acomodação à ausência de sentido e de liberdade. Heroica, na medida em que está na mais radical oposição com as leis das estruturas objetivas do mundo racionalizado, no sentido que luta ainda para manter um espaço de valores éticos, numa época em que esses valores correm o risco de serem definitivamente expulsos do espaço público. O mundo tornado a-ético das instituições leva a que liberdade individual e racionalidade formal tendam a tomarem-se inconciliáveis na esfera do espaço público. K. Löwith interpretou esse estado de coisas como uma autossuficiência dos fins em relação aos meios e, dessa forma, enfatizou as semelhanças entre Weber e K. Marx. Os dois chamaram a atenção para a dominação das coisas sobre os homens.[211]

Esse interessante tema, referente a uma tragédia fatalmente associada à ação humana em geral de produzir o que não foi originalmente intencionado, foi chamado por Weber de "paradoxo das consequências". Os puritanos teriam criado a "prisão de ferro" das instituições capitalistas, ao tentarem realizar os mandamentos de Deus na terra. A "nova escravidão" assume

---

[211] LÖWITH, Karl. 1960, p. 26.

a forma de uma oposição entre as lógicas individual e institucional. A lógica institucional materializa-se na disciplinarização antilibertária, porque heterodoxa, dos indivíduos, de acordo com seus próprios fins institucionais que são, agora, independentes dos fins individuais. A liberdade, no sentido weberiano, é expulsa do espaço público e torna-se, como uma característica necessariamente "privada", uma qualidade reativa de afirmação individual num mundo onde as coisas tornaram-se autônomas.

Schluchter registra esse estado de coisas sob a forma de uma racionalização diferencial entre as esferas da racionalidade pragmática e valorativa. As duas racionalizações seguem caminhos paradoxais.[212] A institucionalização da racionalização técnica corresponde à subjetivação da esfera valorativa. A acomodação utilitarista à técnica da vida (ao invés de uma ética da condução da vida) é o destino do indivíduo típico da época, animado pelos apelos externos e empíricos da realidade percebidos como símbolos de sucesso. O sucesso dessa acomodação é tanto maior dado ao fato de que essa técnica da vida, ao contrário de uma ética da vida, é completamente objetificável posto que, o indivíduo que orienta a sua vida em relação a esses bens obedece, necessariamente, a regras localizadas "fora dele", regras essas, portanto, passíveis de serem generalizadas segundo padrões de eficiência definidos supra-individualmente. A terapia weberiana para as patologias do mundo moderno, pelo menos no âmbito institucional onde o especialista se movimenta, parece indicar uma estratégia de luta "corpo a corpo" ou de "guerrilha", para usar uma metáfora militar tão a propósito nesse tema, cm oposição a uma "luta em campo aberto" como seria o caso de uma tentativa de reação revolucionária ou reformadora. O especialista com espírito, no seu dia a dia dentro das instituições, utiliza contra a lógica disciplinadora institucional, a lógica de uma condução da vida racionalizada subjetivamente pelos

---

[212] SCHLUCHTER, Wolfgang. 1988 I, p. 212.

mandamentos da renúncia e da consequência dos próprios atos de acordo com a escolha valorativa que determina seu comportamento individual.

Para Weber, apenas a ideia de vocação desprovida do seu conteúdo religioso poderia propiciar essa racionalização rigorosa da vida subjetiva de modo a contrapor-se à racionalidade objetivada. A nova ideia de vocação, e isso é extremamente importante, não implica a perda do elemento que conferia a força da vocação religiosa, ou seja, o "prêmio", no caso a promessa de uma vida para além da morte. Apenas a existência desse *componente emocional* explica o tremendo poder de resistência dos puritanos. No caso do especialista com espírito, a salvação das rotinas diárias assume o lugar da salvação eterna. O componente emocional continua presente como nas religiões éticas. A presença desse *componente emocional* é irrevogável para a explicação do comportamento humano eticamente motivado, como mostram as críticas de Parsons e Durkheim à ética kantiana, onde esse componente emocional está ausente. A distinção é que esse componente emocional está agora acrescido do frio conhecimento da realidade que propicia clareza e responsabilidade, como também do dado ético individualista que confere autenticidade e autonomia às escolhas existenciais. Dessa forma eu vejo a terapia intra-institucional do especialista com espírito.[213]

Quanto à segunda figura, o homem do prazer com coração complementar ao especialista com espírito, temos que seguir um outro caminho visto que suponho, por parte de Habermas, uma confusão entre as figuras do homem do prazer com coração e do homem do prazer sem coração. Em vista desse fato, pretendo, inicialmente, retrabalhar a distinção entre as duas figuras,

---

[213] Uma outra possível versão do especialista com espírito seria, talvez, o especialista com espírito e "máquina" (partidária no caso) como pode-se extrair de textos como "político como vocação" e "parlamento e governo numa Alemanha reconstruída", acima de tudo a partir do exemplo histórico de Gladstone.

para, em seguida, propor uma relação de complementariedade distinta da proposta por Habermas.

O texto-chave para a discussão desse tema são as "considerações intermediárias à ética religiosa das religiões mundiais".[214] Como é sabido, Weber examina, nesse texto, as relações de tensão entre a ética da fraternidade religiosa das religiões negadoras do mundo relativamente às esferas mundanas. Para os nossos objetivos importa, antes de tudo, a distância em relação às esferas "irracionais" como a estética e a erótica do que a oposição relativa às esferas racionais como a economia e a política.

A tensão entre a arte e a ética da fraternidade religiosa pode ser atribuída à autonomização do belo como um valor específico contraposto a qualquer exigência de cunho ético. Weber descreve a gênese da diferenciação de uma esfera de valor cultural que passa a distinguir-se da dimensão ética enquanto tal.[215]

Para os fins da nossa linha argumentativa é importante perceber, antes de tudo, a *direção* da lógica imanente à essa esfera. O desenvolvimento do valor especificamente artístico percebido de forma cada vez mais consciente leva a uma maior importância, nessa esfera, do *pessoal* em contraposição ao socialmente obrigatório.

> *Para o criador artístico assim como o consumidor esteticamente sensível por outro lado pode aparecer a norma ética, facilmente, como violentação do componente propriamente criador e pessoal.*[216]

A autonomização da esfera estética em relação à esfera ética pode ser caracterizada como um processo de individuação por *cultivação* (*Kultivierung*), da mesma forma que o trabalho

---

[214] WEBER. Max. 1947 I, p. 536-3.

[215] *Idem*, p. 555.

[216] *Idem*, p. 555-6.

vocacional em bases seculares seria uma individuação por moralização (*Moralisierung*).[217] O mesmo é válido com relação à esfera erótica. O erotismo distingue-se da simples sexualidade da mesma forma que a cultura da natureza. A criação da esfera erótica pressupõe um *processo de aprendizado*, uma crescente apropriação e enriquecimento de conteúdos valorativos, que, de forma semelhante à esfera estética, passa a expressar a lógica própria dessa esfera no sentido de um progresso com direção ao prazer e gozo conscientes. Trata-se aqui do processo de tornar *significativo*, bem no sentido weberiano deste termo, ou seja, a partir de uma tomada de posição valorativa incorporar aspectos antes indiferentes ou incapazes de serem apropriados reflexivamente, elementos da vida instintiva e afetiva.

A passagem da sexualidade ao erotismo e percebida por Weber como um processo de *sublimação*.[218] Sublimação significa um aspecto que passa quase sempre despercebido nas análises da metodologia e dos conceitos fundamentais da sociologia weberiana, uma orientação da conduta a meio caminho entre a ação afetiva e a valorativa reproduzindo, desse modo, a ambiguidade imanente da esfera erótica. Esse processo de sublimação é parte do contexto maior de racionalização e intelectualização da cultura, no sentido de uma perda da naturalidade original da vida sexual, descrito por Max Weber em termos *de graus de intensificação (Steigerungen)* da conscientização. Como resultante desse movimento temos a constituição da especificidade e da lógica própria da esfera erótica.

Esses graus de intensidade são percebidos por Weber a partir da análise do desenvolvimento ocidental, no seu sentido

---

[217] Schluchter chama atenção, no seu esforço de sistematização de aspectos que o próprio Weber raramente distinguia com rigor, para a diferença entre a racionalização de valores éticos e valores extra-éticos entendidos, estes últimos, como o conjunto de valores culturais e estéticos SCHLUCHTER, Wolfgang. 1988 I, p. 300-5.

[218] WEBER, Max.1947 I, p. 557.

mais especifico de ocidental cristão A primeira forma de acento valorativo da sensação erótica pura acontece, inicialmente, na simbolismo da vassalagem da cavalaria na Idade Média, na qual são expressas relações eróticas de forma sublimada.[219] A segunda intensificação acontece com o deslocamento do *campo de prova* do homem perante os seus pares, como no simbolismo da cavalaria, para o julgamento feminino nos salões crescentemente desmilitarizados da "cultura de salão".[220] A terceira e última intensificação ocorre, num desenvolvimento típico dos ambientes intelectuais, com a união entre espírito e natureza de modo a que o acento valorativo do erotismo não mais aconteça à custa do elemento animal ou corporal. Parece-me que o elemento espiritual refere-se, aqui, a alguma forma de fruição consciente da sensação erótica preservada na especificidade de sua base instintiva. Weber compara, de forma muito interessante, esse desenvolvimento "filogenético" com o processo de aprendizado ontogenético relativamente à esfera erótica.

> *Assim como o amor consciente do homem maduro está para o entusiasmo apaixonado do jovem, assim a seriedade mortal desse erotismo do intelectualismo está para o amor cavaleiresco. Em contraste com esse último, o amor maduro do intelectualismo reafirma a qualidade natural da esfera sexual, mas o faz de modo consciente, como uma força criadora materializada.[221]*

Para Weber, a fruição tornada consciente nos campos da estética e do erotismo permitem novas possibilidades da experiência que passam a formar o núcleo do desenvolvimento interno dessas esferas. Ambas as esferas são, dessa forma, produto do

---

[219] Idem, p. 559.

[220] Idem, p. 559.

[221] Idem, p. 561.

processo maior de *conscientização por sublimação de valores culturais*.[222] Nesse sentido, considero admissível supor o artista, e o consumidor instruído da obra de arte, assim como o amante, no sentido acima definido, como exemplos de um *homem do prazer com coração*, ou seja, como exemplo de uma fruição refinada (também espiritual) do mundo das emoções, sem dúvida cada qual cm relação ao seu campo especifico de ação que não se confundem um com o outro.

Trata-se aqui, para Weber, com certeza, unicamente de um processo de abertura de *possibilidades*, cuja atualização na realidade, como iremos ver a seguir, está longe de ser não problemática. Desse modo, apenas com importantes reservas seria possível falar de um progresso. Da mesma forma como ocorre com relação à arte. permite a progressão das formas de fruição das vivências eróticas do mundo das emoções, meramente a abertura de *chances*, chances do "aumento do grau de consciência da experiência ou da possibilidade de expressão e comunicabilidade".[223]

O movimento contrário pode acontecer, no entanto, e teríamos não aumento mas diminuição das possibilidades de fruição. Precisamente essa última realidade lamentava Weber nos seus contemporâneos ao deplorar "a caça à vivência e à emoção" (*Jagd nach dem Erlebnis*) como uma perda da capacidade de resistência ao cotidiano.[224] Assim sendo, não temos em Weber de forma alguma o defensor de uma sexualidade sem barreiras, utilizável a qualquer momento como forma de consolo ou diversão. Numa sociedade construída sob a base do consumo e da satisfação rápida e sem substância o hedonista facilmente estimulável através de pequenos estímulos é o tipo social

---

[222] Com relação à arte, ver op. cit., p.555. Com relação ao erotismo ver op. cit., p. 558.

[223] WEBER. Max. 1922, p. 481. Sobre a noção de progresso (técnico) na arte. ver op. cit., p. 482.

[224] *Idem*, p. 481.

conforme à ordem. Esse tipo corresponderia, precisamente, ao homem do prazer sem coração para Max Weber, na medida em que o libertinismo sexual perde, nas sociedades industriais, seu potencial emancipatório. Assim sendo, não a fruição autorreferida ou incontrolada dos impulsos, mas, antes, a "sensação erótica que reinterpreta e glorifica toda a animalidade pura da relação"[225] e a ausência de limites na dedicação a outra pessoa, que parece possibilitar a comunicação direta de alma a alma, é o que parece estar por trás da confiança de Weber quanto à possibilidade de uma salvação das rotinas racionais.[226]

Talvez tenha ele já percebido o lado escuro desse desenvolvimento quando, no contexto de seu relatório para a Sociedade Alemã de Sociologia de 1910, chamou atenção para as consequências da propaganda crescente no campo erótico.[227] O público consumidor da satisfação fácil e rápida formam a legião de homens do prazer sem coração que Weber observou já nos seus contemporâneos, precisamente também o sentido da noção tomada emprestada de Nietzsche dos "últimos homens", usada por Weber nessa mesma passagem famosa do final da *Ética protestante e o espírito do capitalismo*, os homens do prazer medíocre e da felicidade fácil.

Como Habermas não leva em consideração essas contraposições aos homens do prazer sem coração e ao especialista sem espírito não pode ele, também, reproduzir o diagnóstico da época em Weber de forma adequada. Antes de tudo, a passagem do mero diagnóstico para as perspectivas terapêuticas toma-se irreconhecível. Habermas não percebe o especialista com espírito nem o homem do prazer com coração. Na verdade, trata ele do homem do prazer com coração como se ele correspondesse ao

---

[225] WEBER, Max. 1947 I, p. 560.

[226] *Idem*, p. 560.

[227] WEBER, Max. Citado em Baumgarten, Eduard. 1964, p. 481.

homem do prazer *sem* coração[228], de modo que uma alternativa à perda de liberdade e para a perda do sentido e, portanto, também, às formas de condução da vida adaptadas a esse estado, não podem ser sequer questionadas.

Habermas relaciona o especialista sem espírito com o homem do prazer sem coração de tal modo que estes simbolizam a condução de vida típica dos "últimos homens" sem nenhuma perspectiva positiva. Se, ao contrário, ligarmos o especialista com espírito e o homem do prazer com coração teremos, seguramente, uma outra constelação de significados; nomeadamente, estas duas figuras aparecem como resultantes reciprocamente referenciadas do já mencionado processo de moralização e cultivação, os quais atualizam a constituição de um *espírito*, por um lado, ou seja, a possibilidade de lidar consigo mesmo e com o mundo de forma reflexiva e sóbria, como evocado pelo conceito de ética da responsabilidade, e *coração*, por outro lado, no sentido de um cultivo sublimado dos aspectos instintivos e afetivos de nossa natureza, ou seja, em outras palavras, da natureza interna.

Apenas a união de ambos os aspectos parece-me permitir o acesso à noção weberiana de personalidade, sobre a qual ele apoia as suas esperanças de oposição aos efeitos patológicos da prisão de ferro moderna. Não se trata aqui de um tipo harmônico de personalidade, como poderia parecer à primeira vista. O conceito de personalidade weberiano vive, a meus olhos, precisamente da ambiguidade entre tragédia e chance, como aliás toda a sua sociologia. Chance no sentido de uma possibilidade de realização de algumas perspectivas ainda não de todo perdidas do desenvolvimento humano, e tragédia, posto que essas possibilidades de realização são impensáveis sem a necessidade

---

[228] Na medida em que isso acontece, as qualidades positivas do homem do prazer com coração perdem todo o seu interesse, posto que são indevidamente vinculadas à atitude instru¬mental do especialista sem espírito. Ver, a propósito, HABERMAS, Jürgen. 1987 II, p. 478.

de lidar com paradoxos e com a inevitabilidade da renúncia como um dado da realidade. Coração e mente referem-se, com certeza, especialmente se unirmos coração antes de tudo à esfera erótica, a "Deuses" que se contrapõem. A simpatia pessoal de Weber parece direcionar-se, nesse conflito, apesar de todos os avisos em relação à "vingança refinada da animalidade",[229] à atitude responsável e sensata do espírito, como podemos comprovar a partir do último parágrafo do texto sobre o erotismo.

> *De um ponto de vista exclusivamente mundano, somente a ligação com o pensamento da responsabilidade ética de um pelo outro, ou seja, uma categoria heterogênea à esfera* puramente *erótica pode encerrar o sentimento de que alguma coisa única e suprema estaria presente na transformação do sentimento amoroso conscientemente responsável ao longo de todas as nuances da vida orgânica, até o "pianíssimo" da velhice, sob a forma de uma garantia mútua e uma dúvida mutua (no sentido de Goethe).*[230]

---

[229] WEBER, Max. 1947 I, p. 561.

[230] *Idem*, p. 563.

UMA CRÍTICA AO DIAGNÓSTICO HABERMASIANO DA MODERNIDADE

Eu pretendo neste subcapítulo examinar a questão de como as perspectivas weberianas dos processos de moralização e de cultivação podem, a partir da comparação com o diagnóstico e com a terapia da época em Habermas, comprovar a sua validade. Nesse sentido, gostaria de examinar duas questões: a) o conceito habermasiano da sociedade dual; e b) o racionalismo "perspectivista" (*halbierten*)[231] da teoria comunicativa.

O CONCEITO DUAL DE SOCIEDADE.

A crítica habermasiana a Max Weber tem em vista, desde o princípio, um conceito dual de sociedade. Como vimos, essa crítica concentra-se não apenas na recusa do lugar supostamente paradigmático da racionalidade com respeito a fins no esquema weberiano, como também na impropriedade do próprio ponto de partida teórico da teoria da ação. O conceito de mundo vivido como pressuposto da ação comunicativa deveria sanar a

---

[231] WARSITZ, Peter Rolf. 1990, p. 172.

primeira insuficiência, enquanto caberia ao conceito de sistema superar a segunda dificuldade.[232]

Dentro deste contexto, diferencia Habermas entre duas formas de reprodução social — uma material e a outra simbólica —, às quais, por sua vez, pressupõem duas formas paralelas de integração: uma sistêmica relativa às conexões funcionais entre as consequências das ações, e a outra social através das orientações de ações dirigidas ao entendimento. Nenhum aspecto da obra tardia de Habermas provocou tanta discussão quanto esse conceito dual de sociedade.

Duas entre essas críticas, reciprocamente relacionadas entre si, parecem-me merecer uma análise mais detalhada: a) a crítica a uma concepção dual de sociedade enquanto tal; e b) a crítica a uma suposta *correspondência* entre tipos de ação e tipos de coordenação de ações com relação aos conceitos de formas de sociedade (*Ordnungsbegriffen*) mundo vivido e sistema. Por um lado, por exemplo, Hans Joas releva que o problema das consequências inintencionais das ações não leva, necessariamente, ao abandono do ponto de partida teórico da ação social em favor do sistêmico.[233] Nesse sentido a crítica a Max Weber seria duvidosa:

> *Assim parece-me falso classificar Weber como mero teórico da ação não considerando suas observações acerca da ordem social (*ordnungstheoretischen Vorstellungen*) evidentes, por exemplo no texto sobre "as categorias da sociologia compreensiva".*[234]

---

[232] Habermas segue, nesse particular, a crítica dos teóricos sistêmicos a modelos como o weberiano, por exemplo, que percebem a lógica institucional como consequência das ações conscientes dos seus membros HABERMAS, Jürgen. 1987 II, p. 453.

[233] JOAS, Hans 1986, p. 163.

[234] *Idem*, p. 157.

Por outro lado, dirige Axel Honneth a censura de um "concretismo fora de lugar" (*falschplazierten Konkretismus*) à proposta dual habermasiana.[235] Honneth defende a tese de que Habermas teria incorrido, na "teoria da ação comunicativa", no mesmo erro já confessadamente cometido[236] no "técnica e ciência como ideologia":

> *Quando sociedades capitalistas são concebidas como ordens sociais que se dividem em duas esferas de ação autônomas, sistema e mundo vivido, criam-se duas ficções complementares: admite-se a existência de: 1) ações livres do contexto normativo dentro das organizações; e 2) esferas comunicativas livres de dominação. Com essas duas ficções criadas pela junção de teoria da ação e teoria sistêmica reencontramos os mesmos enganos teóricos que já havíamos criticado como reificação na tese da tecnocracia habermasiana Habermas apenas prossegue com esse obscurecimento recíproco, em outro nível, o mesmo dualismo em teoria social cujo chão já havia sido preparado pela tese da tecnocracia. Agora com certeza, as referidas ficções resultam da reificação não mais de dois tipos de ação, mas de dois tipos de coordenação de ações que se expandem para esferas inteiras da reprodução social.[237]*

Como reação às discussões provocadas pela T. A. C. buscou Habermas numa resposta às críticas[238] precisar melhor o modelo dual de sociedade. Desde essa reformulação, expressa-se Habermas bem mais cuidadosamente com respeito às supostas "correspondências". Agora, temos sempre o uso do adjetivo "primário", seja com respeito aos campos de ação "primariamente" integrados socialmente do mundo,[239] os quais não são imunes

---

[235] HONNETH, Axel. 1980, p. 282.

[236] HABERMAS, Jürgen. 1986b, p. 379.

[237] HONNETH, Axel.1986, p. 328 e 331.

[238] HABERMAS, Jürgen. 1986b, p. 379.

[239] Idem, p. 388.

nem aos imperativos do poder nem das ações estratégicas, e de campos de ação "primariamente" integrados sistemicamente, os quais também levam em consideração as ações comunicativas, não se apoiando, no entanto, em última instância, nos desempenhos integram os dessas últimas.[240]

Parece-me, no entanto, que um uso mais cuidadoso das palavras não resolve, como por mágica, todos os problemas. De início, possui a suposição da penetração de imperativos sistêmicos no mundo vivido repercussões bem mais ricas em consequências do que a suposição contrária. Enquanto a primeira suposição confere sentido à tese da colonização do mundo vivido, ou seja, o fenômeno patológico por excelência da crítica habermasiana da modernidade, temos com a interpenetração de ações comunicativas com sua base normativa nos contextos econômicos e políticos uma influência, em última instância, absolutamente ineficaz.[241] As unilateralidades de análise que daí resultam foram, a meu ver, muito bem percebidas por Johannes Berger. Esse autor chama atenção para o fato da analise habermasiana, como resultado das suas escolhas teóricas, levar a uma concentração da atenção aos fenômenos patológicos situados no *front* entre sistema e mundo vivido de sorte que uma unilateralidade de análise, descurando. por exemplo, daqueles fenômenos patológicos intrassistêmicos. aparece como inevitável.

> *Patologias são percebidas somente no* front *entre sistema e mundo vivido e lá apenas em* uma *direção: na transposição dos imperativos sistêmicos dentro do mundo vivido.*[242]

Habermas reconheceu, na mesma "resposta aos críticos" (*Entgegnung*), a correção das críticas de Berger de forma

---

[240] Idem, p. 386.

[241] *Idem*, p. 386.

[242] BERGER, Johannes. 1986, p. 270.

categórica, sem, no entanto, retirar todas as consequências desse reconhecimento, que a meu ver exigiria uma reformulação de grande porte em toda a sua proposta teórica.

> *Correta é a crítica de Berger contra a linearidade de um diagnóstico da época que é dirigido unilateralmente para o caso da substituição de potenciais de comunicação pelo desempenho regulativo dos complexos administrativo e monetário, ou seja, à colonização do mundo vivido pelos imperativos sistêmicos. Com isso cria-se um quadro a-histórico do qual são retirados os traços de uma limitação contrária, nomeadamente, a que se refere à limitação desses imperativos pelos princípios do mundo vivido.*[243]

O esclarecimento do avanço da técnica nos contextos do mundo vivido através da ação dos imperativos sistêmicos segue, dessa forma, paralelamente, ao obscurecimento de fenômenos patológicos no próprio sistema. Precisamente nesse ponto vale a pena retomar o diálogo com Max Weber. Habermas parte do pressuposto, o qual compartilha com Max Weber contra Karl Marx, de que não e legitima uma recusa da sociedade capitalista como um todo. De fato, Weber elogia o desempenho tanto da economia quanto da política nas condições capitalistas. Sua opinião e a de que a burocracia racional representa a forma mais eficiente de quadro administrativo possibilitando, desse modo, o tipo de dominação política mais eficiente para a relação entre dominadores e dominados. Por outro lado. sua confiança nos mecanismos reguladores da economia de mercado era enorme. As racionalizações da política e da economia representam, portanto, como para Habermas, conquistas indiscutíveis do processo de desenvolvimento ocidental. A posição weberiana, no entanto, parece-me, por mais surpreendente que isso possa parecer a um primeiro exame, pelo menos

---

[243] HABERMAS, Jürgen. 1986b, p. 391.

relativamente a *esta* problemática específica, menos resignada que a habermasiana. Quando se leva textos seminais da sociologia política weberiana em consideração como *Parlamento e governo numa Alemanha reconstruída*,[244] pode-se observar, em distinção à postura defensiva habermasiana de manter o aparelho estatal "em xeque",[245] uma atitude positiva no sentido do controle e da transformação das instituições políticas. A grande questão para Max Weber no livro acima citado é o problema do controle da burocracia, a qual deve dedicar-se apenas às atividades *meio* da administração abstendo-se do âmbito das escolhas políticas. Como a dominação burocrática é inevitável nas condições da democracia de massas, pode ela apenas ser limitada nas suas funções e controlada pelo parlamento. A solução weberiana para se evitar a dominação burocrática no mau sentido é a valorização do parlamento tanto como instância selecionadora das melhores lideranças políticas quanto como instância de controle de uma burocracia que deve ser mantida sempre nos limites do exercício de funções técnicas da administração.

Trata-se, aqui, a meu ver, antes de tudo, da tentativa de salvar o valor *responsabilidade* como valor central da política, precisamente como contraponto ético no inevitável embate e compromisso com as realidades pragmáticas. Apesar da concepção absolutamente desencantada e desiludida da política como espaço de manipulação dos impulsos irracionais das massas, Weber pretende ligar, com sua sugestão de reforma institucional, *sucesso*, no sentido do reconhecimento das condições estipuladas pela realidade para o desempenho eficiente de qualquer intervenção no mundo, e *moral*, no sentido de possibilitar, também no âmbito do espaço público, a distinção entre questões práticas, por definição fruto de uma escolha responsável, e técnicas.

---

[244] WEBER, Max. 1958, p. 294-31.

[245] HABERMAS, Jürgen. 1986b, p. 393.

A ação normativa no terreno institucionalizado formalmente da política, para Max Weber, está longe, mesmo que não se concorde em concreto com algumas de suas posições políticas conjunturais, de ser vista como em última instância ineficaz como acontece com Habermas.

Neste contexto, podemos observar facilmente o tipo de relação imaginado por Weber entre o especialista com espírito, o homem vocacional moderno, e a ordem institucional. O mundo institucionalizado formalmente das instituições é inevitável apenas no sentido em que somos obrigados a viver com ele, mas não no sentido de que temos de subjugar-nos impotentemente à sua força. Apesar de uma oposição frontal contra o mundo institucional como um todo não fazer parte de modo nenhum das intenções de Weber, como seria o caso da proposta revolucionária marxista, parte Weber, a meu ver, do princípio, de que uma "guerra de movimento" – para voltar a usar uma metáfora militar sempre tão a propósito nesse tema – deve ser privilegiada em relação a uma "guerra em campo aberto". Nesse sentido, todo esforço deve ser concentrado visando aproveitar todas as possibilidades dentro do mundo institucional, visando criar espaços de ação precisamente como pretende a sugestão do modelo parlamentar inglês na Alemanha do primeiro pós-guerra.

Apesar de liberdade política e pessoal não serem equivalentes,[246] na medida em que as questões fundamentais da autorrealização pessoal não são simplesmente resolvidas a partir de reformas ao nível político, expressam estas uma condição necessária para aquelas. Desse modo. uma luta por definição interminável dentro das instituições parece ser uma condição para o conceito de Homem vocacional com espírito. Trata-se, aqui, de evitar a todo custo o "parcelamento da alma" e salvar o "espírito".[247] Esta parece-me uma atitude diferenciada e, num sentido

---

[246] HENRICH, Dieter. 1988, p. 169.

[247] WEBER, Max. 1924, p. 414.

muito próprio, mais *positiva* frente ao mundo institucional do que a preconizada por Jürgen Habermas nos termos de uma luta defensiva no *front* entre sistema e mundo vivido. Uma outra questão, estritamente ligada com a que estávamos tratando até aqui, refere-se às consequências da tese da separação ou diferenciação do sistema em relação ao mundo vivido. Como já foi mencionado, a tese da diferenciação procura demonstrar como a conversão de uma coordenação de ações com base em uma interação a partir dos contextos comunicativos do mundo vivido em favor de uma interação com base na lógica dos campos de ação racionalizados formalmente não implica, necessariamente, como tanto Max Weber quanto Karl Marx admitiam, a criação de fenômenos patológicos de *per se*. E, também como já mencionado na primeira parte desse capítulo, apoia Habermas a sua argumentação, nesse particular, na relação destroça diferencial entre sistema e mundo vivido. Decisivo passa a ser, nesse contexto, a questão de se a estruturação dos papéis sob o ponto de vista do mundo vivido de modo a possibilitar a troca deve ser considerado *dependente das organizações (Organisationsabhängig)*, como no caso dos empregados e dos clientes, ou apenas *relacionados às instituições* (Organisationsbezogen), como no caso do consumidor e do cidadão.

Apenas os últimos não se deixam *compensar* através da satisfação mais eficiente de funções sociais. Não percebo, no entanto, o que leva Habermas a limitar apenas aos processos de formação dos consumidores e dos cidadãos a influência de preferências, orientações valorativas, atitudes etc., de modo a não permitirem, como no caso dos empregados e dos contribuintes, serem "comprados" ou "mobilizados".[248] Parece-me, pelo contrário, que, especialmente com referência ao mundo do trabalho, as preferências, orientações de valor, atitudes etc.,

---

[248] HABERMAS, Jürgen. 1987 II, p. 475.

desempenham um papel extremamente importante de modo que uma distinção precisa entre os papéis dependentes ou apenas relacionados às instituições, que na realidade constituem o núcleo da argumentação da mediação não patológica do mundo vivido, não pode ser mantida.

Eu suponho, na verdade, um obscurecimento da problemática individual, tão cara tanto para Weber quanto, em um sentido um tanto diferente, para Marx, da *necessidade interna (inneren Not)*, nos papéis dependentes das instituições. A distinção "artificial" de Habermas entre os papéis dependentes e relacionados às instituições leva à suposição de que a alienação nos primeiros papéis pode ser "comprada", sem que fique muito evidente porque o mesmo não deveria ocorrer nos outros casos.

Creio que, também aqui, a discussão do conceito weberiano de personalidade pode ajudar. Max Weber parte do pressuposto, juntamente com Marx nesse particular, de que a mera conversão de contextos simbólicos para os campos de ação racionalizados, segundo padrões formais, tem por consequência inevitável a perda de identidade subjetiva e alienação, não apenas nos papéis assim chamados relacionados às organizações, mas também, e até principalmente, nos papéis definidos por Habermas como dependentes das organizações, em especial as relações do mundo do trabalho.

Já o destino do especialista evidencia a perda inevitável para qualquer contemporâneo do mundo da divisão do trabalho e do "parcelamento da alma". Essa trágica despedida da "fáustica universalidade do homem",[249] profundamente lamentada por Max Weber não quer significar, como pretendo ter deixado claro acima, a impossibilidade da "chance" de doação de significado à própria vida através do trabalho por vocação, como a relação de reciprocidade entre ação e renúncia já prenuncia. Essa doação de significado na consciência da perda e

---

[249] WEBER, Max. 1947 I, p. 203.

da alienação não pode. no entanto, ser "comprada" já que falta para ela, por princípio, um equivalente. O próprio vocabulário de Habermas ao mencionar "compensação" ou "ajuste" já é em si despropositado, visto que bens materiais e posturas de valor expressam grandezas heterogêneas.

Assim, do mesmo modo como a recepção de premissas da teoria sistêmica favorece uma atitude antes passiva e defensiva em relação ao mundo institucional, temos, também pelas mesmas razões, o obscurecimento da lógica própria e insubstituível das orientações valorativas dentro do mundo institucional.

O RACIONALISMO PERSPECTIVISTA DA TEORIA COMUNICATIVA

Um contexto semelhante de esclarecimento de um aspecto às custas do obscurecimento de outro pode ser observado a partir da comparação entre a racionalização da esfera subjetiva em Jürgen Habermas e o processo de cultivação em Max Weber. Ambos os processos possuem em comum, sem chegarem a recobrir-se mutuamente, o fato de procurarem perceber o desenvolvimento, no sentido da consciência da sua própria especificidade, da natureza interna, do mundo subjetivo, portanto, ou ainda o mundo do propriamente "pessoal" como diria Max Weber.

Para Habermas, o mundo subjetivo representa uma das três esferas de valor que, em consequência da "linguisticalização do sagrado", diferenciaram-se e libertaram, a partir daí, o potencial de racionalidade imanente à comunicação humana. A reivindicação valorativa que caracteriza a esfera subjetiva refere-se à *sinceridade* na expressão de vivências subjetivas.[250] A

---

[250] Uma versão mais elaborada de todo este tópico foi desenvolvida por mim no texto "Uma pedra no caminho da teoria comunicativa: A subjetividade em Jürgen Habermas", Revista Dados 1995, v. 38, n° 2, p. 291-307.

reivindicação de validade da sinceridade refere-se, entretanto, a duas realidades em princípio heterogêneas. Por um lado, significa franqueza em relação a um público, na medida em que o emissor revela o seu próprio mundo acerca do qual apenas ele tem acesso privilegiado. Por outro lado, entretanto, significa a mesma reivindicação de validade a expressão da própria natureza a partir de posições de valor culturalmente relevantes, de modo que a interpretação das próprias necessidades aparece como expressão de experiências *exemplares*, a qual, por sua vez, pode motivar a adoção dos padrões de valor correspondentes.[251] Essa nuance é registrada conceitualmente por Habermas de modo que, no segundo caso, ele fala sempre de *autenticidade* ao invés de sinceridade.[252] A ação dramatúrgica, a qual serve à autoexpressão, abrange ambas as dimensões constitutivas da racionalidade estético-expressiva. A ambiguidade imanente às revivências expressivas é refletida pelo caráter dual, ao mesmo tempo descritivo e prescritivo, típico das interpretações do mundo das necessidades internas.

> *As expressões valorativas e os standards de valor têm força justificatória quando caracterizam uma necessidade de forma que os destinatários, a partir de um marco cultural comum, podem reconhecer suas próprias necessidades através de tais interpretações. Isso explica o peso das questões de estilo, de expressão estética e de qualidades formais em geral na ação dramatúrgica.*[253]

Nem a reivindicação de autenticidade, nem tampouco a reivindicação de sinceridade preenchem as condições inerentes ao discurso, ao contrário das reivindicações valorativas da verdade (discurso teórico) e da justiça (discurso prático). Em

---

[251] *Idem*, p. 41.

[252] *Idem*, p. 41-2.

[253] *Idem*, p. 139.

decorrência desse fato, refere-se Habermas sempre à crítica, ao invés de discurso, quando argumentos são usados sem que se preencham as condições para uma situação comunicativa livre.[254] A crítica estética refere-se a valores culturais sendo, como o nome já indica, sempre limitada ao horizonte de uma cultura determinada não preenchendo, por consequência, como as reivindicações à verdade e à justiça, às condições da universalização, podendo demonstrar sua plausibilidade unicamente no contexto de uma forma de vida específica.[255] A crítica terapêutica, por sua vez, implica a pressuposição de papéis assimétricos, o que viola as condições do discurso.[256] Além disso, temos também a circunstância de que a reivindicação à sinceridade não pode, de qualquer modo, ser remida diretamente através de argumentos, posto que a sinceridade de expressões deixa-se, quando muito, "demonstrar-se" pelas consequências das ações.[257]

Com vista ao nosso tema torna-se importante saber até onde é razoável falar-se de uma racionalização e de processos de aprendizado no contexto da racionalidade estético-expressiva. A resposta de Habermas a essa questão converge na direção de considerar o processo de aprendizado estético não em referência ao progresso de conteúdos de obras artísticas, mas, antes de tudo, à constituição de uma "atitude hipotética" (*hypothetische Einstellung*), a qual caracteriza a experiência de uma subjetividade libertada.[258] Uma relação reflexiva com a própria natureza torna-se, assim, tanto um pressuposto para a prevenção da autoilusão quanto para a possibilidade de uma experiência estética radical. Apenas a subjetividade libertada da

---

[254] *Idem*, p. 70.

[255] *Idem*, p. 71.

[256] *Idem*, p. 43.

[257] *Idem*, p. 69.

[258] HABERMAS, Jürgen. 1985b, p. 200.

força da tradição e dos imperativos sociais pode possibilitar a expressão da positividade específica às experiências subjetivas. Vemos aqui já o potencial explicativo da posição racionalista habermasiana nesse particular. O mundo dos desejos e dos sentimentos não é mais considerado, como costumeiramente ocorre, como o lado sombrio e irracional do homem. A posição habermasiana dirige-se, antes de tudo, contra os críticos do Iluminismo e da modernidade que, no rastro de Nietzsche, percebem o ponto de partida da experiência estética como o outro da razão por excelência.[259] Na visão habermasiana, ao contrário, são tanto a radicalização da experiência estética quanto a subjetividade libertada consequências do mesmo processo de descentração da consciência, também atuante na ciência e na constituição da consciência ética pós-convencional. É esse mesmo processo de descentração da consciência que constitui tanto o sujeito da modernidade quanto, em última instância, a própria modernidade. Dessa forma, para Habermas, uma crítica da modernidade a partir de uma "perspectiva externa" perde seu sentido.

Entretanto, assim suponho eu, poder-se-ia demonstrar um contexto de esclarecimento de algumas questões sob o preço do obscurecimento de outras. A referência a um "contexto" parece-me legítima na medida em que as escolhas teóricas do ponto de partida comunicativo que permitem explicitar o potencial de racionalidade imanente a fala leva, ao mesmo tempo, a que se relegue às sombras todos os fenômenos que não se conformam às pressuposições desse mesmo ponto de partida. As limitações da concepção da racionalidade estético-expressiva dentro do quadro teórico da teoria comunicativa estão sendo vivamente discutidas na Alemanha, mas, especialmente, na recepção da teoria habermasiana nos círculos acadêmicos norte-americanos. Uma contribuição particularmente interessante parece-me a de

---

[259] HABERMAS, Jürgen.1986c, p. 117.

Joel Whitebook. Whitebook chama atenção para o movimento verificado na teoria da ação comunicativa no sentido do privilegiamento da psicologia do ego (Piaget, Kohlberg) às custas da psicologia do id (Freud) e suas vastas repercussões teóricas.[260]

Resumidamente Whitebook pretende demonstrar que o advento do paradigma linguístico dentro da teoria crítica implica uma ruptura também na concepção de natureza interna. O núcleo da discussão entre as psicologias do ego e do id reside no espaço que cada uma delas reserva para o papel genético e funcional do ego. A psicologia do id dúvida da independência e autonomia do ego. Como o id tem a ver com o aspecto instintivo e orgânico enquanto o ego é equiparado com as influências restritivas do princípio da realidade, toma-se difícil, dessa perspectiva, falar de alguma forma de racionalidade que não tenha a ver imediatamente com repressão.[261] Dessa forma, os pressupostos freudianos da antiga Escola de Frankfurt (acima de tudo Adorno e Marcuse) teriam levado, por um lado, à dramatização da oposição entre indivíduo e sociedade, mas, por outro, à impossibilidade da representação de uma sociedade livre. A libertação social tomaria, nesses autores, inevitavelmente, traços escatológicos.[262]

Habermas, ao contrário, pretende libertar-se da unilateralidade da teoria freudiana dos impulsos em favor da psicologia do ego e da sua tese da autonomia do ego relativamente às suas fontes instintivas. Nesse contexto, enfatiza Habermas, antes de tudo, o papel do processo de socialização linguisticamente mediado em contraposição ao dado biológico. O perigo, aqui, para Whitebook, situa-se precisamente na direção oposta dos antigos frankfurtianos, nomeadamente em uma relação exageradamente

---

[260] WHITEBOOK, Joel. 1985, p. 140-60.

[261] *Idem*, p. 143.

[262] *Idem*, p. 144.

harmônica entre indivíduo e sociedade, ou seja, entre as naturezas interna e externa (incluindo-se nesta última a social). A questão essencial para Whitebook, que a meu ver confere toda a sua legitimidade, parece apontar para a necessidade de levar-se em conta a ambivalência da natureza humana entre os seus aspectos instintivo e reflexivo. Nesse sentido, pergunta-se o autor: "...how strong are the conclusions that can be drawn from the linguisticality of the socialization process"?[263] Nesse contexto, não se pode negar o papel da língua na transformação do dado instintivo da natureza interna no sentido da possibilitação de formas mais racionais de convivência intersubjetiva. A projeção das estruturas lógico-linguísticas na natureza interna representa, no entanto, um exagero racionalista cuja fundamentação ainda é duvidosa.

> *[Habermas] tries to assimilate as much of inner nature as possible to the category of the linguistic by construing it as protolinguistic. This would have the effect of blunting the categorial distinction between the linguistic and the nonlinguistic within humans. Habermas wants to argue that, as inner nature is susceptible of socialization, i.e. "linguisticalization", it must in some sense already be protolinguistic; thus, he must deny the existence of the unconscious as a "nonliguistic substratum". ... Because of the turhst of his linguistic approach, he fails to capture the sense of an "inner foreign territory" which is a hallmark of Freudian thought; in principle, everything is potentially transparent. As a result, he is in danger of losing sight of the opposition between reason and the drives altogether.*[264]

Também Ulf Matthiesen parte de um ponto de partida semelhante para criticar, no âmbito da interpretação do mundo subjetivo

---

[263] *Idem*, p. 154.

[264] *Idem*, p. 158-9.

no contexto da teoria comunicativa, o esquecimento do nível da expressividade corporal em sentido estrito.[265] Para Matthiesen servem de apoio as pesquisas do "collége de sociologie" (antes de tudo G. Bataille), ao invés de meditações psicológicas ou psicoanalíticas. A censura mais importante de Matthiesen refere--se à visão habermasiana da racionalização do mundo subjetivo como um progresso acumulativo em direção a estágios superiores de desenvolvimento cognitivo, levando a que a questão do *desaprendido*, no âmbito desse mesmo processo, seja sequer passível de ser problematizado.

> *O processo do que foi desaprendido no trato com as quebras de continuidades, com experiências limite não-cotidianas, assim como os efeitos colonizadores da própria "linguisticalização" (Versprachlichung) pouco deixa-se analisar na incipientemente reorganizada teoria da ação comunicativa. O caminho através da perspectiva externa da "sociologia do sagrado" deveria mostrar que a razão para essa unidimensionalização deve ser procurada na defeituosa determinação do papel teórico, metodológico e prático-vital do mundo do corpo não-dessexualizado, cuja ambiguidade deve ser representada conceitualmente de modo a que processos de diferenciação ao nível da esfera subjetiva seja esquematizada segundo o modelo dos estágios de desenvolvimento cognitivo.[266]*

Desde então, Habermas tem-se esforçado, uma das suas mais elogiáveis características como pensador, em encarar esses e outros argumentos de seus críticos.[267] Na sua tentativa de explicar melhor a especificidade própria da esfera subjetiva a partir da experiência estética radical afirma Habermas:

---

[265] MATTHIESEN, Ulf. 1983, cap. VI.

[266] *Idem*, p. 130.

[267] HABERMAS, Jürgen. 1985b, p. 192-216.

What is reflected in these interprelations and declarations is a transformation of the form of aesthetic experience, induced by avant-garde art itself, in the direction of the decentering and unbounding of subjectivity. At the same time, this decentering indicates an increased sensitivity to what remains unassimilated in the interpretive achievements of pragmatic, epistemic, and moral mastery of the demands and challenges of everyday situations; it effects an openness to the expurgated elements of the unconscious, the fantastic, and the mad, the material and the bodily – thus to everything in our speechless contact with reality which is so fleeting, so contingent, so immediate, so individualized, simultaneously so far and so near that it escapes our normal categorical grasp.[268]

Essas considerações parecem-me apontar na direção, já um deslocamento em relação às meditações (incipientes) acerca desse tema na "teoria da ação comunicativa", de uma tentativa de perceber de forma mais adequada a *especificidade* da esfera estético-expressiva. Habermas está perfeitamente consciente da importância da contribuição dessa esfera da racionalidade, não só como um potencial de inovação radical como fica claro na passagem reproduzida acima, mas também na inclusão de um elemento fundamental para uma teoria crítica, a preocupação com o tema da felicidade ou da "boa vida".

Habermas aborda essa questão já em 1972 em um brilhante ensaio acerca da singularidade da experiência estética em Walter Benjamin.[269] A posição de Benjamin sobre essa questão é bastante diferenciada em relação aos outros teóricos da Escola de Frankfurt como Marcuse ou Adorno. A diferença em relação a Marcuse é o tema do texto habermasiano. Em oposição a Marcuse, o interesse de Benjamin aponta para as formas não afirmativas da arte, precisamente ao seu interesse alegórico da

---

[268] *Idem*, p. 201.

[269] HABERMAS, Jürgen. 1987b.

lembrança do oprimido e esquecido. Não a iluminação de um presente a partir de um futuro possível é o objeto da atenção de Benjamin, mas a iluminação do presente a partir da lembrança de um passado esquecido.

Para Benjamin, a capacidade humana de dotar o mundo de sentido é limitada e não renovável. Nesse sentido, estaríamos dependentes de uma comunicação de conteúdos arcaicos contidos originariamente no mito. Por trás dessa concepção está a teoria mimética da linguagem benjaminiana. O componente mimético seria o único transmissor de significados a partir da elaboração de "correspondências". O resgate do conteúdo significativo ínsito no mito deve resistir, no entanto, à pressão de tornar-se semelhante típica da estrutura mítica. A arte deve preservar a lembrança da semelhança como "aproximação" negando, ao mesmo tempo, o componente da "pressão da semelhança". É esse o sentido da "iluminação profana" em Benjamin que rompe com a estrutura opressiva do mito preservando sua riqueza.[270]

Habermas que, ao contrário dos "velhos" da Escola de Frankfurt, não possui uma teoria estética própria, toma com indisfarçada simpatia partido ao lado de Benjamin. Ele rejeita, com certeza, a tentativa de Benjamin — inspirada por Bertolt Brecht — de funcionalizar sua teoria para os fins da prática política. Para Habermas, a sua atualidade estaria no aproveitamento da teoria da experiência mimética para uma teoria (reconstruída) do materialismo histórico.

Habermas percebe a importância de uma adequada concepção do aspecto estético-expressivo da racionalidade para uma teoria crítica da sociedade, acima de tudo, pela nomeação e tematização de um *outro* aspecto que tende a tornar-se questão candente nas sociedades avançadas: além da preocupação com o bem-estar e com a emancipação, a preocupação com a felicidade.

---

[270] *Idem*, p. 359.

Benjamin estava interessado na perspectiva da felicidade espiritual e sensível como um fenômeno de massas, e julgava o progresso social pelo aumento ou não da felicidade e apenas dela. A reação de Habermas a essa posição é ambígua. Por um lado, teme a confusão de prioridades (*first things first*) hierarquizando a sucessão dessas prioridades em bem-estar, emancipação e, num terceiro momento, a felicidade. Por outro lado, no entanto, reconhece o perigo para uma teoria crítica, num contexto de sociedades que produzem bem-estar sem emancipação e onde a pobreza das fontes simbólicas é transparente, de postular uma emancipação sem conteúdo, "infeliz". Daí a necessidade de uma abertura de perspectivas que inclua a problematização da felicidade como guia da ação e da teoria política.[271]

Sob o pano de fundo dessa recepção simpática da teoria benjaminiana, acredito poder-se compreender melhor as intenções e dificuldades de Habermas para sua tentativa de inclusão do momento estético-expressivo dentro da moldura conceitual da teoria comunicativa.

Habermas percebe, esse parece ser o resultado da sua interessante leitura da novidade da concepção estética benjaminiana, a importância da tematização do aspecto estético-expressivo para uma teoria crítica da sociedade. Essa percepção é relativamente tardia, se levarmos em conta que ainda no "Ciência e Técnica como Ideologia",[272] um importante texto datado de 1968 no qual encontramos em semente os temas do "teoria da ação comunicativa", temos tão-somente as categorias de trabalho e interação não havendo ainda, portanto, a tematização de um terceiro momento da racionalidade. A partir do encontro com os textos de Benjamin, entretanto, torna-se Habermas crescentemente consciente da importância da reflexão estética mesmo dentro de um quadro teórico o qual, desde o início, privilegia a

---

[271] *Idem*, p. 375.
[272] HABERMAS, Jürgen. 1969.

autorreflexão racional, se se quer evitar o risco de uma emancipação infeliz.

O problema parece-me concentrar-se, especialmente se tomarmos os textos mais recentes de Habermas sobre o assunto,[273] em de que forma podemos falar de uma relação "bem temperada" entre uma racionalidade comunicativa, discursiva e racional e uma racionalidade mimética capaz de conservar o potencial semântico de experiências primitivas que permitam a vinculação entre significados e necessidades humanas reprimidas. Se Habermas pensa, por um lado, que a racionalidade comunicativa a deve ser a "portadora" dessa racionalidade pré-discursiva, agindo como uma espécie de "descodificador" dos conteúdos pré-reflexivos típicos da experiência mimética, torna-se difícil imaginar alguma relação que não a de uma "colonização" do segundo pela primeira, o que ao fim e ao cabo levaria à negação dos potenciais redentores e utópicos. Se, por outro lado, o que é perseguido é uma relação bem proporcionada entre todos os momentos da razão de modo a que cada qual preserve sua autonomia, a questão passa a ser de que modo poderíamos pensar em um vínculo, sequer *procedural*, entre o sujeito estético como definido na citação acima e uma ordem normativa qualquer, na medida mesmo em que sua razão de ser encorpa o "mal" (no sentido que precisamente G. Bataille, citado por Habermas, interpreta a obra de Baudelaire[274]), ou seja, o *outro* do "bem" moral socialmente definido.[275] Como diz Peter Bürger em um

---

[273] Esses textos denotam já um deslocamento em relação à T.A.C., no sentido de não mais absorver a esfera estético-expressiva simplesmente dentro das categorias de uma racionalidade discursiva, mas, de certa forma ainda indeterminada. parecem procurar incorporar um momento pré-discursivo à teoria comunicativa. Ver HABERMAS, Jürgen 1985c.

[274] A posição de Baudelaire nesta problemática é bastante sugestiva. Ele representa, para autores tão diversos como Walter Benjamin, Max Weber e o próprio Habermas, a primeira aparição histórica da tomada de consciência da singularidade especificamente moderna da experiência estética.

[275] BATAILLE, Georges. 1989, p. 29-54.

outro contexto, Habermas parece subestimar as diferenças entre as esferas de valor tomadas autônomas na modernidade.[276]

A questão essencial parece residir, a meus olhos, nessa tentativa de recuperação do momento da felicidade para a teoria crítica habermasiana, na dificuldade de uma adequada teorização do *status* de uma racionalidade intuitiva numa moldura teórica preocupada, desde o início, com a construção das condições de possibilidade de um conceito racional e universal de razão pratica, a qual deveria ser independente de considerações estratégicas, por um lado, assim como do conteúdo especulativo da intuição estética, por outro. Nessa tentativa, Habermas parece ter assimilado a razão prática por demais a uma racionalidade comunicativa, ou ainda mais especificamente à razão teórica e discursiva.[277]

A consideração do momento estético-expressivo em toda a sua riqueza e especificidade parece forçar os limites das próprias escolhas categoriais que informam a teoria comunicativa habermasiana. Nesse sentido, poderíamos falar de um contexto de esclarecimento (das condições da universalidade e racionalidade da ação prática) e obscurecimento (da especificidade do aspecto estético-expressivo). A importância dessa questão para uma teoria crítica não envolve, a meu ver, apenas dificuldades na problematização do aspecto da boa vida e da felicidade, mas também implica uma leitura por demais *linear* da história, vista então muito facilmente como uma sucessão de ganhos em direção a uma racionalização progressiva, em prejuízo daquele momento tão caro a Benjamim da nomeação das perdas, do esquecido, do irrecuperável.

Prosseguindo nosso estudo comparativo entre os dois autores em discussão, cabe perguntar se o processo de "cultivação" em Max Weber poderia oferecer alguma alternativa às

---

[276] BÜRGER, Peter. 1981, p. 20. Ver também, WHITE, Stephen. 1988, p. 150.

[277] INGRAN, David. 1987, p. 74.

dificuldades de Habermas no trato da questão da racionalização da natureza subjetiva. Antes de tudo, há que ficar claro que as meditações esparsas de Weber a respeito desse tópico não constituem, nem mesmo de forma aproximada, uma teoria completa da esfera estético-expressiva, nos termos que vimos tratando até aqui. Suas ideias nesse particular, no entanto, não me parecem, por essa razão, desprovidas de interesse para a discussão que nos ocupa aqui.

Inicialmente, o processo de cultivação (ou sublimação como iremos ver a seguir) em Max Weber tem a ver, inequivocamente, com a *ação afetiva*, o que afasta, nos termos da teoria da ação social weberiana, por princípio, uma visão unilateralmente racionalista da natureza subjetiva. Pelo contrário, o conceito de "sublimação" refere-se imediatamente à parcialidade "obscura" da natureza humana que não pode, dentro das perspectivas que, no atual estágio de desenvolvimento seria legítimo antecipar, ser passível de total transparência ou racionalização. O acento ao dado da "natureza" não leva, de modo nenhum, no entanto, a uma espécie de "colonização" do espírito por aquela. Pelo contrário, a racionalização dessa esfera é compreendida como um processo de conscientização, autocultivo e progresso com respeito a graus superiores de reflexividade incidindo sob o dado natural, de modo a modificar-lhe a forma e o efeito. O dado "animal", no entanto, é indissociável do acento valorativo e uma parte constitutiva deste.

O dito acima parece-me constituir o cerne do conceito weberiano, quase nunca percebido pelos comentadores dessa matéria, de ação sublimada. No seu texto sobre "os conceitos sociológicos fundamentais" localiza Weber a ação afetiva sublimada na fronteira entre a conduta afetiva em sentido estrito, a qual significa uma reação irrefletida frequentemente para além do limite da ação dotada de sentido, e o tipo puro de ação racional com respeito a valores, a qual pressupõe uma orientação consciente, segundo um claro projeto do ator.

> *Uma* sublimação *ocorre quando, na ação afetivamente determinada, temos uma descarga consciente do componente afetivo. Ela encontra-se então frequentemente (mas não sempre), no caminho para a "racionalização valorativa" ou para a ação com respeito a fins ou para ambos.*[278]

A ação afetiva sublimada reflete, portanto, precisamente o encontro, que Weber descreve na racionalização da esfera erótica já tratada em tópicos anteriores, entre espírito e natureza, encontro esse que Weber com tanta felicidade procurou perceber na noção de "amor instruído" (*wissende Liebe*).[279] Junto dos afetos, dos desejos, dos sentimentos, da natureza, portanto, temos o espírito de modo a, a partir da sua incidência sobre a primeira, possibilitar o prazer sublimado com a adição do dado da consciência e da reflexão.

A riqueza de nuances dos conceitos fundamentais da sociologia weberiana permite, a meu ver, recolocar a dimensão do *desaprendido*, dos custos da evolução, enfim, em outros parâmetros do que acontece com Habermas. Na sua primeira versão das "considerações intermediárias à sociologia religiosa", provavelmente datada de 1913, aponta ele, no âmbito do processo de sublimação da esfera erótica, a face sombria relativa às perdas desse mesmo desenvolvimento, ao nomear o aspecto da *proibição* que acompanha o processo de tomada de consciência dessa experiência no sentido de "convenções provocadas por considerações de *status* social inibindo (o exercício livre) das relações sexuais."[280] Na racionalização deste aspecto fundamental da na-

---

[278] WEBER, Max. 1985, p. 566.

[279] WEBER, Max. 1947 I, p. 561.

[280] WEBER, Max. In: BAUMGARTEN, Edouard. 1964, p. 220.

tureza interna temos, portanto, além do processo de tomada de consciência, a ambivalência, a culpa, o sofrimento, e o medo como fenômenos indissociáveis do mesmo estado de coisas.

Se Habermas pretende com a teoria da ação comunicativa ter proposto uma perspectiva teórica aberta à percepção do *desaprendido (verlernte)* na leitura do processo de modernização ocidental,[281] parece-me duvidoso que o ponto de partida unilateralmente racionalista de sua teoria assim o permita. Talvez seja essa a razão derradeira para sua interpretação tão pouco trágica, se compararmos com a weberiana, desse processo.

---

[281] HABERMAS, Jürgen. 1987 II, p. 588.

BIBLIOGRAFIA

BAUMGARTEN, Paul. *Max Weber und Person*. Tübingen, 1964.

BELLAH, Robert. Religiöse Evolution. In: SEYFARTH, Constans und SPRONDEL, Walter M. (Hrsg.). *Seminar: Religion und gesellschaftliche Entwicklung*. Frankfurt, M. S. 267-302, 1973.

BERGER, Johannes. Die Versprachlichung des Sakralen und die Entsprachlichung der Ökonomie. In: HONNETH, Axel und JOAS, Hans. (Hrsg.): *Kommuni-katives handeln, Beiträge zu Jürgen Habermas "Theorie des kommunikativen Handelns"*. Frankfurt/M. S. 255-277, 1986.

BIELSCHOWSKY, Albert. Goethe. Sein Leben und seine Werke. *Band II*. München, 1905.

BÜRGER, Peter. The Significanee of the Avant – Garde for Contemporary Aesthetics: A Replay to Jürgen Habermas. *In: New German Critiqu*e n° 22. Winter. S. 19-22, 1981.

GRIPP, Helga. *Jürgen Habermas: Und es gibt sie doch. Zur kommunikationstheoretischen Begründung von Vernunft hei Jürgen Habermas. Paderborn, 1984.*

GOLDMAN, Harvey. *Max Weber and Thomas Mann. Calling and the Shaping ofthe Self. Berkeley, 1988.*

HABERMAS, Jürgen. Vorbereitende Bemerkungen *Band I*: Handlungs-rationalität und gesellschaftliche Rationalisierung. *Band II*: Zur Kritik der funktionalistischen Vernunft. Frankfurt/M, 1985 a.

HABERMAS, *Jürgen. Nachmetaphysisches Denken Philosophische Aufsätze. Frankfurt/M, 1988.*

HENRICH, *Dieter. Die Grundlagen der Wissen-schaftslehre Max Webers. Dissertation. Heidelberg, 1950.*

HENRICH, Dicter. Max Weber und das Projekt der Moderne. Eine Diskussion mit Dieter Henrich, Claus Offe und Wolfgang Schluchter. *In*: GNEUSS, Christian und KOCKA, Jürgen. (Hrsg:) *Max Weber. Ein Symposion.* München, 1988.

HONNETH, Axel. *Kritik der Macht. Reflexionsstufen einer kritischen Gesellschaftstheorie.* Frankfurt/M, 1986.

HORKHEIMER, Max und ADORNO, Theodor. *Dialetik der Aufklärung, Philosophische Fragmente.* Frankfurt/M, 1986.

JASPERS, Karl. *Max Weber.* München, 1988.

JOAS, Hans. Die unglückliche Ehe von Hermeneutik und Funktionalismus. *In*: HONNETH, Axel und JOAS, Hans. (Hrsg.). *Kommunikatives Handeln. Beiträge zur Jürgen Habermas' "Theorie des kommunikaíiven Handelns".* Frankfurt/M, 1986.

_____. *Der philosophische Diskurs der Moderne. Zwölf Vorlesungen.* Frankfurt/M, 1986 c.

_____. Theorie des Kommunikativen Handelns. *Band I*: Handlungsrationalität und gesellschafliche Rationalisierung Vernunft. Frankfurt/M, 1987 a.

HABERMAS, *Jürgen. Nachmetaphysisches Denken. Philosophische Autsätze.* Frankfurt/M, 1988.

HENRICH, Dieter. *Die Grundlagen der Wissenschaftlehre Max Webers.* Dissertation. Heidelgerg, 1950.

_____. *Max Weber und das Projekt der Moderne. Eine Diskussion mit Dierter Henrich, Claus offe und Wolfgang Schuchter. In: GNEUSS, Christian und KOCKA, Jürgen. (Hrsg:):* Max Weber. Ein Symposin. *München.*

HONNETH, Axel. *Kritik der Macht. Reflexionsstufen einer Krischen Gesellschaftstheorie.* Frankfurt/M. 1986.

HORKHEIMER, Max und ADORNO, Theodor. *Dialetik der Aufklärung. Philosophische Fragmente.* Frankfurt/M, 1986.

JASPERS, Karl. Max Weber. München.

JOAS, Hans. Die unglückliche Ehe von Hermeneutik und Funktionalismus. In: HONNETH, Axel und JOAS, Hans. (Hrsg.). *Kommunikatives Handeln. Beiträge zur Jürgen Habermas "Theorie des Kommunikativen Handelns".* Frankfurt/M, 1986.

LUKÁCS, Georg, *Geschichte und Klassenbewussisein. Studien über marxistiche Dialetik.* Darmastadt.

MATTHIESEN, Ulf. *Das Dickicht der Lebenswelt und die theorie des Kommunikativen Handelns.* München,1988.

SCHLUCHTER, Wolfgang. *Die Entwicklung des okzidentalen Rationalismus. Eine analyse von Max Webers Gesellschftsgeschichte.* Tübingen, 1979.

_____. *Die Paradoxie der Rationalisierung. Zum Verhältnis von "Ethik" und "Welt" bei Max Weber. In:* Ders, Rationalismus der Weltbeherrschung. Studien zu Max Weber. *Frankfurt/M. S. 9-40, 1980.*

_____. *Religion und Lebensführung. Studien zu Max Webers Kultur – und werttheorie.* Frankfurt/M, 1988.

WARSITZ, Rolf Peter. *Zwischen Verslehen und erklären. Die widersrtändige Erfahrung der Psychoanalyse bei Karl Jaspers. Jürgen Habermas und Jaques Lacan.* Würzburg, 1990.

WEBER, Max. Gesammelte Aufsätze zur Wissencharftslehre. Tübingen, 1922.

_____. *Gesammelte politische Schriften.* Tübingen, 1958.

_____. *Gesammelte Aufsatze zur Wissenschaftslehre.* Tübingen. 1988.

WELLMER, Albrecht. Kommunikation und Emanzipation. Uberlegungen zur sprachanalytischen Wende der kritischen Theorie. In: JAEGGI, Urs und HONNETH, Axel. (Hrsg.). *Theorien des historischen Materialismus.* Frankfurt/M. S. 465- 500, 1977.

_____. *Zur Dialetik von Moderne und Postmoderne. Vernunftkritik nach Adorno.* Frankfurt/M, 1985.

_____. Reason, Utopia and the Dialetic of Enlightenment. *In:* BERNSTEIN, Richard. (Hrsg.) *Habermas and Modernity.* Cambridge. S. 35-66, 1986.

WHITE, Stephen. *The recent work of Jürgen Habermas. Reason justice and modernity.* Cambridge, 1988.

WHITEBOOK, Joel. Reason and Happiness: Some Psychoanalytic Themes in Critical Theory. In: BERNSTEIN, Richard. (Hrsg.) *Habermas and Modernity.* S. 140-160, 1985.

pólen soft 80 gr/m2
tipologia baskerville
impresso no outono de 2021